すぐに使える中国人との実践交渉術

吉村 章

総合法令出版

■まえがき

本書は中国ビジネスにおける折衝や交渉の現場で役立つ様々なテクニックを解説した本です。実際に中国人を相手にした交渉事に携わっている方々はもちろん、広く中国ビジネスに関わるすべての方々に読んでいただきたい本です。

私は仕事柄、中国で日本企業のビジネス交渉の場に同席させていただく機会が多いのですが、「日本人は〝自己主張〟が下手だな」とつくづく感じさせられる場面が数多くあります。反論の仕方も下手です。中国側の強硬な主張に切り返す術もなく、翻弄され、戸惑い、いたずらに妥協案や調整案を繰り出すだけの交渉を何度となく眼にしてきました。

また、交渉にあたって事前準備もせず無防備のまま交渉に臨んだり、事前の打ち合わせをしないまま通訳をいきなりアポ先に同行させたりしているケースもありました。

「中国人は交渉事に長けている」「一方、日本人は交渉事が苦手」というイメージは広く知られていることです。そうであれば、中国人とビジネス交渉に臨むにあたって彼らの交渉の進め方に関心を持って分析したり、細心の注意や十分な事前準備が必要ではないでしょうか。しかし、前記のとおり、あまりにも無防備で交渉に臨んでいる企業が多いことに驚きます。これでは勝てる交渉も勝てるはずがありません。

本書はこのような問題意識のもと、私自身がこれまでビジネスの現場で培ってきた中国人との交渉テクニックをまとめたものです。タイトルどおり現場で「すぐに使える実践テクニック」に徹底的にこだわって書きました。

もちろん一口に「中国人」と言ってもいろいろな人がいます。交渉相手や状況によっては本書で書かれた内容が通用しないケースもあるかもしれません。しかし、本書の内容を一通り理解して交渉に臨んでいただければ、今までとは比較にならないくらい成果が得られることはまちがいないでしょう。

本書は中国出張の飛行機の中でも、往復の通勤電車の中でも、さっと読み終えることができるはずです。どの章からでもどの項からでも興味がある内容から読み進めてください。

わずかな時間の投資で、新たな知識やすぐに使える実践テクニックを知ることができるはずです。ぜひ、みなさんにとってひとつでも多くの「転ばぬ先の杖」を見つけてください。

本書が中国ビジネスの現場で奮闘しているみなさまに少しでも役立つものであれば幸いです。

●目次

第1章 Round 1 主張のテクニック

第2章 Round 2 反論のテクニック

第3章

Round 3　攻防のテクニック

第4章 交渉の事前準備

第5章 通訳を使うテクニック

第6章 交渉によって結果を勝ち取るために

装丁　折原カズヒロ
本文イラスト　土屋和泉
本文組版&図表作成　横内俊彦

序章

日本人と中国人の交渉に対するスタンスの違い

1 中国ビジネスにおける交渉に臨む際の基本姿勢

交渉における日中双方のスタンスの違いを理解しよう

■交渉とは何か?

交渉は「闘い」です。有利な結果を勝ち取るための主張のぶつけ合いです。

交渉は「駆け引き」です。主張すべきことは主張し、時には譲り合い、時には激しい攻防の中で結果を勝ち取るために主張をぶつけ合います。

しかし、日本人が交渉に臨むときの姿勢と中国人が交渉に臨むときの姿勢では決定的な違いがあります。その根本的な違いを私はこうまとめてみました。

ビジネス折衝や交渉では、「まとめるための交渉」を基本姿勢にするのが日本人。

「結果を勝ち取るための交渉」を基本姿勢にビジネス交渉に臨むのが中国人。

中国人との交渉を現場ですでにご経験済みの方であれば、中国人がいかにタフなネゴシエイ

日本人と中国人では交渉に臨むスタンスが大きく異なる

ターであるかをご存知のはずです。彼らにとって有利な結果を導き出すための交渉の進め方は、時には日本的なビジネスの常識が通用しません。

中国人は結果を勝ち取るために、あの手この手で主張を繰り返します。言葉に力が入り、眉間に皺を寄せて、身振り手振りを加えながら、時にはオーバーなジェスチャーで自分の意見を主張します。中国人同士の交渉は険しい表情で激論を交わし合い、まるで喧嘩をしているようです。

交渉とは、中国人にとってトランプの「カードゲーム」と同じです。攻めもあり、守りもあり、駆け引きもあり、「捨て札」「見せ札」「切り札」を駆使して勝利を目指します。

目的を達成するために主張すべきことは遠慮なく主張します。相手の主張にはまず反論し、自らの主張を繰り返します。反論に反論を繰り返して、論点を絞り込み、議論を深めていくのが中国的な交渉の進め方です。

知恵を振り絞り、次に打つ手を考え、知略を尽くして自分にとって有利な結果を導き出すことが中国人にとっての「交渉」なのです。目的を勝ち取るためには手段を選びません。時にはまるで「交渉」というゲームを楽しんでいるかのような態度です。

しかし、交渉とは、決して言い争って相手を言い負かすことでも、わがままを言って口先だけで相手を丸め込むことでもありません。駆け引きと言うと、騙したり、騙されたり、相手を欺いたりなど、マイナスイメージを思い浮かべる人もいるかもしれませんが、決してそうではありません。交渉とは、主張を出し合って、合意点を1つひとつ探し出していくことです。

■「まとめるための交渉」が基本姿勢の日本人

日本人は「まとめるための交渉」を基本姿勢にビジネス交渉に臨みます。

主張を闘わせることより「協調」を重視し、妥協点を探るために「調整」を行い、落としどころ（合意点）を見つけ出すことが交渉の基本姿勢です。基本的にできるだけ争いを避け、落としどころを見つけようとする姿勢で交渉に臨むのです。

主張すべきことを主張するときも、より有利な結果を目指すときも、言葉にして主張しなくても、相手の立場に配慮し、双方の共通理解の上に主張を展開して合意点を見つけ出そうとすることが特徴です。

「以心伝心」「あうんの呼吸」「空気を読む」ことを大切にします。「今回は譲るから、次回はぜひ……」という暗黙の了解という力学が働くこともあります。

「そこを何とか……」や「無理を承知で……」というように、理に適わないことを感情に訴えて伝えようとすることもあります。

もし、交渉がまとまらない場合、「継続協議」「決定保留」「議論の先送り」というように、徹底的な議論を避けて、事を荒立てず、波風を立てず、水面下で妥協点を探すといった調整方法が行われます。交渉の場ではあえて論点を明確にせず、場を変えて調整、協調、妥協点の模索に持ち込むのです。

■「結果を勝ち取るための交渉」が基本姿勢の中国人

一方、中国人にとって交渉とは、有利な「結果」を導き出すために主張をぶつけ合うことです。「勝利」を勝ち取るために行うのが交渉なのです。徹底的に主張をぶつけ合います。

時にはダメ元・ゴネ得の主張で、時には議論を蒸し返したり、論点をすり替えたり、時には交換条件を駆け引きに使って、有利な条件を勝ち取るために死力を尽くします。目的を達成するために主張すべきことは遠慮なく主張し、相手の主張に対してはまず反論し、そして、その反論にもまた反論し、自らの主張の正当性を徹底的にアピールするのが中国人です。

反論に反論を繰り返して、論点を絞り込み、自分たちにとって有利なポイントに議論を誘導していきます。まるで喧嘩するかのような険しい表情で主張を行い、知恵を振り絞り、知略を尽くして最終的に自分たちにとって有利な結果を導き出すことが中国人の「交渉」です。

実は、私自身も実際の交渉が始まるとついつい「交渉をうまくまとめよう」という方向に意識が働いてしまうことがしばしばです。頭では「結果を勝ち取るための交渉」とわかっていても、ついつい無意識に「まとめるための交渉」を行ってしまっているのです。

時には相手の弱点を探し出してそのウィークポイントを攻撃したり、時には調整をしてきた「妥協案」を自ら翻してさらに主張を試みたりと、日本側をあの手この手で揺さぶってくるのが中国流です。これが中国ビジネスにおける交渉に臨む基本姿勢です。交渉とは有利な結果を導き出すための闘いなのです。

しかし、これは決してまとまりそうな交渉を壊すことが目的ではありません。時間を引き延ばせば引き延ばすほどいいと言っているわけでもありません。早く終わらせる交渉がダメで、もめたほうがいいと言いたいわけでもありません。
「結果を勝ち取るための交渉」を意識して交渉に臨んでみてください。少しだけ交渉に臨む際の基本姿勢を変えてみていただきたいのです。

【ポイント】「日本的交渉」と「中国的交渉」の違い

◆「まとめるための交渉」をする日本人

・協調、調整、妥協点探しにより、論争より調整、落としどころを探す。
・相手の立場に配慮し、双方の共通理解の上に主張を展開する。
・「以心伝心」「あうんの呼吸」「空気を読む」ことが必要とされる。

◆「結果を勝ち取るための交渉」をする中国人

・主張、反論、議論により、自分たちにとって有利な結果を導き出す。
・主張すべきことは徹底的に主張し、目標とする結果を勝ち取る。
・少しでもベストの結果を導き出すために知略を尽くして交渉に臨む。

日本的交渉と中国的交渉の違い〈その1〉

2 「結果を勝ち取るための交渉」が基本姿勢の中国人

早くまとまった交渉は果たしてよい交渉か?

■【事例】日本側が中国側に徹底的に振り回されたケース

「今回の出張は中国側に振り回されて散々な目に遭いました」

中国出張から帰った菊地さん(仮名)は、開口一番こう言って愚痴をこぼしはじめました。「どうしたんですか?」と私がたずねると、「聞いてくださいよ。こちらが〝調整案〟を出して、話がうまく進みかけたんです」と菊地さん。「それはよかったじゃないですか」と答えましたが、実はそう簡単には話が進まなかったようです。

話の概略はこうです。菊地さんは溜っていた不満を吐き出すように話を聞かせてくれました。

日本側が「調整案」を出すと、中国側はすぐに前向きの姿勢を見せてきました。話がうまく進み、菊地さんは最終合意にまで持ち込めそうな雰囲気にほっとしたそうです。会議の後の食事会でも繰り返し「乾杯」し合って、結構な盛り上がりだったと言います。

ところが翌日、日本側が予想もしなかったような要求を中国側が突然言い出してきました。意表を突かれて戸惑ってしまった菊地さんは、すぐに本社と連絡を取り合い、さらなる「調整案」をまとめて次の折衝に臨みました。中国側の要求を受け入れることができない事情を丁寧に説明して「調整案」を提示すると、中国側はまた別の要求をしてきました。

何度かこのような繰り返しが続きました。菊地さんは帰国の日程が迫り、焦りを感じていたそうです。再三繰り返される中国側の要求で最後の調整も不調に終わり、「もうだめか……」と思った折衝の最終日、中国側が突然「妥協案」を示してきたそうです。

「ミーティングを始めて3日目には、もうまとまると思ったんですよ……」と菊地さん。「しかし、そうは簡単にいかなかったんですね?」と私が聞き返すと、「そうです。今回は帰国当日まで中国側に散々振り回されて、結果的に日本側がだいぶ譲歩する羽目になってしまいました」と菊地さんは今回の折衝を振り返り、反省の弁を述べました。

■「早くまとめること」がよい交渉ではない

菊地さんのケースは、日本側の典型的な失敗事例であると言っていいでしょう。「まとめる交渉」をする日本側と「結果を勝ち取る交渉」をする中国側の姿勢の違いがよくわかる事例です。

仮に、交渉期間を1週間とします。その3日目で交渉がまとまったとしたら、「交渉がうまくまとまった」「今回の交渉はスムースにいった」「もめずにすんだ」と考えるのが日本人です。みなさんも「予定より早く終わってよかった」「いい交渉ができた」と考えるのではないでしょうか。

しかし、「もめずにすんだ交渉」は本当によい交渉だったのでしょうか？　予定していた日程より早く終わったことが果たしてよいことなのでしょうか？

神経を擦り減らすことなく、納得のいく「合意点」が見出せたならそれはすばらしいことです。しかし、中国側はそうは考えません。その「合意点」からもう一歩踏み込んだ要求を出してくるのです。

実際、菊地さんのケースも3日目には交渉がまとまりそうな様子でしたが、中国側は4日目、5日目と別の交渉カードを使って、さまざまな要求を突きつけてきたそうです。

できるだけ早くまとめることがよい交渉なのではなく、最終的に自分たちにとって少しでも有利な結果をより多く勝ち取ることが中国人の交渉です。より多くの結果を導き出すために、繰り返し要求を突きつけてくるのが中国人の基本姿勢なのです。

一方、できるだけ「争い」を避け、「落としどころ」を早く見つけ出して、スムースに事を運ぼうとするのが日本人の交渉スタイルです。「主張を闘わせること」よりも、「協調」と「調整」を基本姿勢にして、時には妥協することも譲り合うことも必要です。

しかし、中国人にはこれは通用しません。中国的な交渉では、次々と交渉のカードを使って、4日目、5日目と揺さぶりをかけてきます。

「今回はまとまらないか、交渉決裂か……」

「もうだめか。やはり仕切り直しで、継続協議か……」

帰国を前にして日本側がこのように考えると、最後の最後、ぎりぎりのところで妥協点を提示してきて、最後は鮮やかに「落としどころ」へ結果を持っていくのが中国人です。交渉はぎりぎりまで粘るのが中国流なのです。

【ポイント】早くまとまった交渉はよい交渉とは言えない

・スムースにいった、もめずにすんだ、早くまとまってよかったと考える日本人。
・まとまりそうな交渉でも、さらなる要求を重ねてくる中国人。
・中国側は最後の最後まで粘り、よりよい結果を導き出すために交渉を続ける。
・「落としどころ」は必ずある。中国側は最後の最後に「落としどころ」を提示してくる。

3 日本的交渉と中国的交渉の違い〈その2〉「譲れること」「譲れないこと」を徹底的に洗い出す

「譲れること」は交渉を進める上で重要なカード

■【事例】日本側が中国側に譲り過ぎたケース

「今回の交渉はうまくいきました。おかげさまで予定より早くまとまってほっとしています」

中国出張から戻った高橋さん（仮名）から電話がありました。高橋さんは日本メーカーの新規事業企画の責任者です。今回の出張前に現地での折衝について相談を受けていました。

「そうですか。お疲れ様でした」と言って彼の話を聞きました。

「本当に今回の交渉はうまく進んでよかったです」と彼はまずまず上機嫌です。

「帰国の日程が予定より早かったですね」と私がたずねると、

「はい、5日間の予定で交渉に臨みましたが、2日目で決着しました。実は行く前はとても心配でいろいろ相談に乗ってもらったんですが、中国側ともめずにすんで本当によかったです」

彼は出張の疲れも見せず、上機嫌で私に話しかけてきました。

確かに交渉がスムースに進み、5日の予定が2日で終わったことはよかったと思います。高橋さんの努力は評価されるべきです。事前の準備もだいぶしっかりやって行ったのでしょう。

しかし、2日目の交渉が終わったところで、早々と交渉を切り上げてきてしまった高橋さんには問題がありそうです。もうしばらく少し現地に留まって、もう一歩踏み込んだ交渉をしてくるべきではなかったでしょうか。

恐らく、この交渉で高橋さんは中国側にとってかなり有利な条件を最初から提示したのではないかと思います。交渉の早い段階で相手にとって有利な条件を必要以上にプレゼントしてしまったのでしょう。お土産をたくさんもらった中国側は早々に交渉を切り上げたのではないかと思います。

「もっと現地で粘るべきでしたね」と私が言うと、

「どうしてですか？　もめずにすんだんですよ」と高橋さんは言いましたが、「そういえば中国側は終始上機嫌で、日本側にこれといって強い要求もありませんでした」と振り返ります。

「相手に有利な交渉カードを最初から使い過ぎたんですよ」と私が言うと、

「確かに中国側にもう少し譲歩して欲しかったんですが、できるだけスムースに話を進めて、早く決着させたかったので……」と高橋さんは言います。

この後、中国側が交渉に臨む基本姿勢について私が説明すると、高橋さんは思い当たる節がたくさんあったのでしょう。左手で頬杖をついて、しばらく黙り込んでしまいました。

■「譲れること」と「譲れないこと」を洗い出す

交渉に臨む前に、「譲れること」（譲ってしまってもいいこと）を徹底的に洗い出してみましょう。この「譲歩」のカードは「捨て札」や「切り札」として利用することができます。

逆に、「譲れないこと」（譲るべきではないこと）も事前に徹底的に意識合わせをしておきます。これは交渉で守るべき防衛ラインです。これを意識して交渉に臨むことが重要です。

前述のケースで、高橋さんは相手の立場を考えて、できるだけもめないように、最善を尽くして交渉を進めてきたのでしょう。「早くまとまってほっとしている」という高橋さんの言葉がそれを物語っています。

しかし、交渉カードの安売りは禁物です。高橋さんは中国側が無理な要求をしてくる前にたくさんのプレゼント（「譲歩」のカード）を渡しすぎたのです。

日本側が譲歩したり妥協したりすることが悪いと言っているわけではありません。交渉を上手く乗り切り、スムースに交渉を成功させた高橋さんを非難するつもりはまったくありません。

しかし、何を譲ればよいか、どのタイミングで何から譲るべきか、この点をもう少し考えるべきではなかったかと思います。もっと粘って相手の出方を見ながら交渉カードの切り方を考えるべきでした。譲れるところは譲り、譲るべきではないところは譲らない、この見極めが大切です。譲歩してしまっても損にならないものは何か。相手が期待している譲歩のポイントは何か。どのタイミングで「譲歩」のカードを切るべきか。それに見合う反対給付が受けられるか。まずは自分自身がこれらの点を明確に意識して、事前に十分な検討を行うべきです。

「譲歩」のカードは、時には「捨て札」、時には「見せ札」、そして時には「切り札」として、1枚ずつしかるべきタイミングで使っていきたいところです（詳しくは135ページにて）。交渉をスムースに進めるためだけに必要以上にカードを相手に与えてしまうことは禁物です。中国側も同じように考えているはずです。

【ポイント】「譲歩」のカードが交渉を有利に進める
・「譲れること」（譲ってしまってもよいこと）を徹底的に洗い出す。
・「譲れないこと」（譲るべきではないこと）を徹底的に洗い出す。
・「譲れること」を交渉のカードとして使う（「譲歩」のカード）。
・「譲歩」のカードは効果的なタイミングを慎重に選んで有効利用する。

4 主張することが評価される文化

「イエス」は「イエス」と言い、「ノー」は「ノー」と明確に伝える

■主張すべきことは主張する（中国人にとってのあたりまえ）

「それはおかしい！　この問題は日本側に責任がある！」

葛さん（仮名）は、会議の席上、険しい表情でこう言い出しました。

「私の考えは、第一に○○、第二に□□、第三に△△△……」と言って彼の主張が始まりました。中国人特有のオーバージェスチャーで、自信たっぷりの話し方に圧倒されてしまうことがあります。相手にスキを見せずに、時には偉そうな態度で間髪を入れずに自らの主張をぶつけてくるのが中国人です。

また、中国人同士で会話をしているときもまるで喧嘩をしているようです。

ミーティングの休憩時間に葛さんと郭さん（仮名）がタバコを吸いながら議論をしていまし

た。休憩後のミーティングで論点となるポイントについて、2人の考えのすり合わせをしているのでしょう。大きな声で、眉間にしわを寄せて、お互いの主張をぶつけ合っています。

もちろん、休憩中の2人も決して喧嘩をしているわけではないのです。言いたいことや言うべきことを遠慮なく主張することが「中国流」です。

「吉村さん、それはおかしい！　私が言いたいポイントは、第一に○○、第二に□□、第三に△△……」

ミーティングが再開されると、再び険しい表情の葛さんの独演会となり、その日のミーティングで日本側は終始劣勢に立たされ、反撃するチャンスもなく、口角泡を飛ばす彼に圧倒されました。

主張をぶつけ合うことで議論のポイントを見つけ出す

一般的に中国人は自己主張が強く、お互いの意見を真っ向からぶつけ合います。お互いに譲歩点や妥協点を探りながら議論を進める日本人とはだいぶ違います。

主張すべきことははっきり主張する。曖昧な表現をせず主張したいポイントをはっきり伝える。これらは中国ビジネスの基本姿勢として心得ておきたいポイントです。言いたいことをス

お互いの主張をぶつけ合って論点を絞り出すのが
中国人の交渉スタイル

トレートにはっきり言う。「イエス」は「イエス」と言う。「ノー」は「ノー」と明確に伝える。時にはまるで喧嘩をしているかのように話すのが中国人です。大きな声で「自己主張」することが「あたりまえ」なのです。

「主張する→相違点を探し出す→議論すべきポイントを絞る」。このようなプロセスで議論を進めていくのが中国流のコミュニケーションスタイルです。主張と主張を徹底的にぶつけ合い、主張を出し合ったところで双方の相違点を確認します。議論のポイントを探し出すためには、まずは主張することが大切なのです。

彼らの主張に反論すると、必ずと言っていいほどその反論が返ってきます。その反論にまた反論すると、相手はまたその反論を返してきます。反論に反論を繰り返し、時には論点をすり替えたり、議論を蒸し返したり、話をかき回して議論を進めていくのが中国流です。

しかし、こうして徹底的に主張し合う中から、譲れないポイントと譲ってもいいポイントを見つけ出していきます。お互いの主張を1つひとつ確認し合い、最後は「消去法」で論点を絞り込んでいきます。お互いの主張内容を比較して、自分にとって分が悪い主張は取り下げ、勝ち目のあるポイントを選び出して議論のポイントを絞り、次の突破口を切り開きます。

■空気を読み、相手の気持ちを悟る（日本人にとってのあたりまえ）

一方で、相手の気持ちを察し、相手が考えていることを悟り、場の雰囲気を感じ取り、「以心伝心」で話し合いを進めていくのが日本人のコミュニケーションスタイルです。時には、遠まわしな表現をしたり、時にはわざと曖昧な表現をしたり、相手に自分の考えを悟らせるような言い方をします。

必要以上の対立を避け、できるだけスムースに、穏便に、譲り合うことで合意点を見つけ出そうとするのが日本的な交渉スタイルの特徴です。相手の立場や気持ちを考えて、互いに譲り合って、どこかに折り合いをつけながら議論を進めていきます。

相手の気持ちを察しながらこちらの考えを伝えます。すると相手も言葉の背景を読んでこちらが言いたいことを察しながら言葉を返してきます。言いたいことを直接言わなくても気持ちを察し合いながらコミュニケーションを図るのが日本的なスタイルなのです。

しかし、中国では主張することが評価される文化です。まずは主張すること。自分の考えをはっきり伝えること。これが大切なのです。

日本人は主張すべきことを徹底的に主張することはどうやら苦手なようです。しかし、相手に遠慮して言いたいことを出し合わないと、議論することができません。消去するポイントを見つけ出すことができないのです。

「吉村さん、おいしい小籠包の店に案内するから食事に行きましょう」

ミーティングが終わると葛さんがニコニコしながら話しかけてきました。さっきの険しい表情とは一変して優しい笑顔です。ミーティング中の彼とはまるで別人のようでした。

【ポイント】中国では主張することが評価される文化

・主張すべきことははっきり主張する。
・「イエス」は「イエス」と言い、「ノー」は「ノー」と明確に伝える。
・主張と主張を徹底的にぶつけ合い、主張を出し合ったところで論点を見つけ出す。
・消去法で論点を絞り込み、議論を進めていく。

5 中国人との交渉に臨む際の事前準備の大切さ

鴨が〝ネギ〟を背負って、〝ナベ〟を担いで、〝マキ〟を抱えてやってくる

■通訳の目から見た日本人の交渉姿勢

「中国人とのビジネス交渉に臨むとき、日本人はあまりにも無防備ですね」

「事前にミーティングをしてくるようですが、簡単な意識合わせ程度。担当者問の詰めも甘い」

「日本人は丸腰で交渉に臨むケースが極めて多い」

これらは中国で通訳の仕事をしている友人のコメントです。

日本企業をアテンドしてビジネス交渉の場に臨むとき、日本側の無防備な様了にたびたびはらはらさせられることがあるそうです。

彼らが丸腰と言っている意味は「事前準備」のことです。

「事前の準備がお粗末なケースがたいへん多い」

「中国側の主張や反論に振り回されて、翻弄されるケースをたくさん見てきた」

「日本側は主張すべきことをはっきり言わないのでじれったくなる」

「そもそも日本側は何を言いたいのかよくわからない」

これらも中国で通訳の仕事をしている友人のコメントです。

企業の担当者の中には、事前準備をまったくしないまま、「とにかくぶつかっていこう」とか、「まずは相手の言い分を聞こう」とか、「誠意を尽くして説明すればこちらの主張もわかってくれる」といった姿勢で交渉に臨むケースもあります。

「日本人はビジネス交渉に臨むとき、〝個人の経験〟に依るところがとても大きい」

こう話す友人もいます。タフなネゴシエイターを中心に中国人との交渉をうまく進めることができれば、それはそれでいいことですが、こうした百戦錬磨のベテランがいない場合はどうしたらいいのでしょうか。また、タフなネゴシエイターの経験やノウハウをより一層交渉に活かすにはどうしたらいいのでしょうか。

やはり、「事前準備をしっかりやるべき」というのが友人たちの共通した意見です。

個人の経験に依るところの交渉ではなく、日本人が得意とするチームワークを活かした交渉を行うためにも事前の準備をしっかり行うことは大切なポイントです。

■交渉に臨む際の事前準備の大切さ

以下は、ビジネス折衝や交渉に臨む前に、事前準備としてチェックすべきポイントです。

・この交渉で折衝のテーマとなり得る事柄はどんなことか（テーマの予測）
・それぞれのテーマごとに論点となり得る事柄とキーワードの書き出し（論点の予測）
・「譲れるポイント」と「譲れないポイント」の洗い出し
・自分たちの「強み」と「弱み」、相手の「強み」と「弱み」の確認
・最も理想的に交渉が進むときのシナリオ、最悪の結果の予測、主張すべきポイントとその主張の手順（事前準備について詳しくは第4章「4枚の事前準備シート」を参照）

こうしたポイントについて、ビジネス折衝や交渉に臨むスタッフの間で事前に十分な意識合わせをした上で、事前に作戦会議をしっかり行うことをお勧めします。

「とにかくぶつかってみる」「やってみないとわからない」といった事後検証的な交渉の進め方は危険です。また、「まずは相手の主張を聞こう」という姿勢は、相手に先制攻撃の機会を許し、結果的に中国側の主張や反論に振り回されることになります。さらに「誠意を尽くせばわかってくれるはずだ」というのは、残念ながら甘い期待です。中国側は「まとめる交渉」で

中国人にとって交渉に丸腰で臨む日本企業の姿はまさに「鴨ネギ」状態である

はなく、「結果を勝ち取る交渉」という姿勢で向かってくるからです。

「日本人は丸腰なだけではなく、鴨が〝ネギ〟を背負っているようですね」と言う通訳の友人。

「そんなことはないでしょう」と反論したい気持ちでしたが、実は私自身、アテンドした企業の担当者の丸腰ぶりにはらはらさせられた経験は一度や二度ではありません。

「もっとひどいケースもありましたよ。鴨がネギを手に、〝ナベ〟を背負って、〝マキ〟まで抱えて」と調子に乗って言葉を続ける彼ですが、数々のビジネス交渉の現場に立ち会い、通訳の仕事をこなしてきた言葉にはたいへん説得力がありました。差し詰め中国人はナイフとフォークを手に、エプロンをつけてご馳走を待っているというところでしょうか。

交渉の事前準備をどのように進めるべきかについて、本書では第4章で詳しく説明します。この事前準備を先に知りたい方は、第4章「交渉の事前準備」から読み進め、その後に第1章「主張のテクニック」、第2章「反論のテクニック」に進んでください。

あるいは、まず「主張のテクニック」「反論のテクニック」と読み進んで、最後に第4章「交渉の事前準備」を読んでいただいても結構です。関心のあるページから読み進めてください。

【ポイント】交渉の事前準備の大切さ

・日本企業は「個人の経験」に依るビジネス交渉を行うケースがたいへん多い。
・「とにかくぶつかっていこう」という事後検証的な姿勢は危険。
・「まずは相手の言い分を聞こう」という姿勢では相手に振り回されることになる。
・「誠意を尽くして話せばわかってくれるはず」という甘い期待は禁物。

6 4つの交渉パターンごとの争点や注意点を理解する

自分が関わっている交渉をイメージしてみよう

■ビジネス交渉の4分類

世の中にはさまざまな「交渉」が存在します。ビジネスの現場でもさまざまな交渉シーンがあります。本書で取り上げている中国人との「交渉」とは、中国からの製品調達、委託生産、投資、会社設立、生産拠点の設立、中国市場の開拓、マーケティング、ビジネスでの契約交渉やクレーム処理、パートナー企業との技術アライアンスなどの場面を想定しています。

本書ではそうしたビジネスシーンを次の4パターンに分類して考えてみたいと思います。これは私自身がビジネスに関わってきた現場の経験から分類したものです。本書を読み進める前に、ビジネス交渉の場面としてイメージしていただきたいと思います。もちろん、この4つのパターンに当てはまらないケースもあるでしょう。あくまで参考程度にご覧ください。

（1）友好的交渉

特に対立すべき論点がない交渉です。情報交換や人材交流を目的として友好的な覚書（ＭＯＵ）を結ぶケース、技術交流や守秘義務（ＮＤＡ）を含む友好的な技術アライアンスを結ぶケース、姉妹都市協定や地域間の産業連携協定などを結ぶケースなどが想定されます。

さらに、会社設立に向けた準備、セミナーやシンポジウム開催に向けた交渉（打ち合わせ）、産業視察や企業訪問などのアレンジ、地方政府の表敬訪問や市場調査のための準備なども友好的交渉と言えるでしょう。

これら友好的交渉の特徴は対立点がないことです。稀に見解の食い違いがあったとしても、交渉で十分に埋めることができる範囲であるはずです。共通の目的に向かって合意点を探すための交渉を行うことが特徴です。

（2）商談的交渉（バイヤー交渉／セールス交渉）

商品の買い付けや販売に関わる交渉です。

買い付けの場合は、品質、納期、価格、発注量、スペック、アフターサービスなどの買い付け条件に関する交渉になります。当然、買う側は「安く買いたい」、売る側は「高く売りたい」が基本姿勢になりますから、価格交渉や購買条件の詰めが交渉のポイントになります。また、目的を明確にした情報収集やサンプル品の入手交渉、試作品の発注のための交渉なども含まれます。

一方、販売の場合は、セールスポイントを論点として売り込みをかける立場です。前述の品質や納期、そして価格などに加えて、ブランドイメージ、安心・安全、付加価値の有無などが交渉のポイントになります。また、市場調査や情報収集、販売の場合の代理店探しや販売に関する業務提携に関する交渉、人材の教育なども含まれます。

こういった商談的交渉の特徴は「着地点探し」と「駆け引き」です。少なくとも双方が交渉のテーブルに着くということは、買う側と売る側双方にメリットがあるわけですから、互いの主張を出し尽くして「着地点」を見つけることが交渉のポイントになります。

時には激しい「駆け引き」になりますが、双方ともに商談成立を目指しているはずです。事前に交渉カードを準備し、作戦を立て、粘り強く、効果的に交渉カードを出していくことがポイントです。交渉は「闘い」です。しかし、相手を打ち負かすための闘いではなく、結果を勝ち取るための闘いです。

(3) トラブル処理／クレーム処理的交渉

商談成立後のトラブルやクレームに関する交渉です。クレームを言う側も受ける側もそれぞれ異なる立場で自己の正当性を主張し、対立のポイントが明確であるのが特徴です。状況の事実確認、責任の所在、講じるべき対応策、賠償責任、費用負担などが交渉のポイントになります。合意点や落としどころを探すことが交渉の目的です。クライアントが第三者の場合は、中国側のパートナー企業との責任の所在や役割分担も交渉のポイントになります。

基本的に双方が継続取引を希望している場合は、交渉は落としどころ探しになります。一方、問題が深刻な対立ポイントであったり、対立軸が複数あったり、双方が相手に対する責任追及の姿勢を崩さないと厳しい交渉になることがあります。慌てず、焦らずに、論点をしっかり見極めて、根気強く時間をかけて交渉に臨む姿勢が必要です。

（4）対立的交渉（敵対的交渉）

最もシビアなのが対立的交渉です。双方がまったく異なる立場でそれぞれ自らの正当性を主張することが特徴です。例としては、知的財産権に関するトラブル、労使関係のトラブル、商品売買に関する契約違反、会社設立や撤退・廃業における過程でのトラブルなどがあります。

このケースでは、協調や調整のポイント、譲歩や妥協のポイントを見つけ出すのが難しく、主張が真っ向から対立します。双方の立場の違いや考え方の違いをしっかり確認することがポイントです。対立的交渉の最たる事例は外交問題と言っていいでしょう。尖閣諸島の領有権問題、戦争責任、人権問題、貿易協定、保護主義的な輸出入規制など、政治や経済分野での交渉は国と国とが自らの正当性を主張する交渉が繰り広げられます。

以上の４つは、みなさんが交渉に臨むときの姿勢を確認するために便宜上振り分けた交渉タイプです。実際の交渉にはもっとさまざまなシーンがありますし、整理と分類の仕方によってさらに細分化を試みることができるかと思います。

しかし、ここで大切なのは交渉タイプの分類ではなく、実際に交渉に臨むときの心構えや交渉を失敗しないための注意点を知ること、交渉の実践テクニックです。

【ポイント】４つの交渉パターン分類

・友好的交渉……共通の目的に向かって合意点を見つけ出す交渉。
・商談的交渉……「着地点探し」の「駆け引き」で進む交渉（バイヤー交渉／セールス交渉）。
・トラブル処理／クレーム処理的交渉……お互いの正当性を主張し、対立から合意ポイントへ。
・対立的交渉……双方がまったく違う立場でそれぞれ自らの正当性を主張し合う。

7 交渉相手は「敵」ではない

主張が「対立」を生む、対立が「論点」を生む、論点の徹底議論が「落としどころ」を生む

■「交渉」という言葉から受けるイメージ

交渉について、「自分の主張を通して相手を説き伏せること」「言い争って自分の利益を確保すること」「口先で相手を丸め込むこと」……、このようなイメージを持つ人はいらっしゃいませんか？　あるいは「言い負かす」「捻じ伏せる」「丸め込む」「自分だけ得をする」といったマイナスイメージの言葉を連想する人もいるのではないでしょうか？

しかし、これは大きな誤解です。交渉とは、「言い争って相手を負かすこと」でも、「相手を丸め込むこと」でもありません。

交渉とは、主張を出し合って、合意点を探し出していくことです。違いを認識し合った上で、調整可能なポイント、譲歩できるポイント、妥協できるポイントを見つけ出していくことです。

交渉のうまい人は相手との差異を認め、まず相手の立場を把握するところから入ります。

つまり、交渉相手は「敵」ではないのです。

交渉相手の中国人を「中国人は理解できない」「中国人はずる賢い」「中国人に騙されないように注意しなければならない」といったイメージで見る日本人も少なくありません。

しかし、こうしたイメージを払拭して、交渉に臨んでください。

交渉相手は「敵」ではありません。交渉は「敵」を打ち負かすことではありません。

相手に「マイナスイメージ」を持たない。相手に「苦手意識」を持たない。これも大切なポイントです。

■意見の「対立」と議論の「行き詰まり」

そもそも、「対立」なくしては「交渉」は成り立ちません。「対立」とは、「論点」を見つけ出すためのプロセスです。主張が「対立」を生み、対立が「論点」を生みます。この「論点」を冷静に議論すること、双方が前向きに対処法を見つけ出していくこと、これが「交渉」です。

主張し合って議論を続けると、お互いの主張の違いがより鮮明になります。そもそも交渉すべき「論点」は議論の「行き詰まり」から見えてくるもので、議論の「行き詰まり」はむしろ歓迎すべきものかもしれません。

日本人は「交渉下手だ」とよく言われますが、それは日本人が交渉の現場で「対立」を嫌う姿勢に原因があります。日本人は交渉が行き詰まることを嫌がり、交渉の現場でもなるべく議論がスムースに進むように対立を避けて、できるだけ議論を穏便にすませようとします。

しかし、中国人は交渉の「行き詰まり」を肯定的にとらえて、「論点」を明確にして徹底的に議論する中から譲歩できるポイントや妥協できるポイントを探していくのです。まずは、意見の「対立」や議論の「行き詰まり」の中から「論点」を見つけ出す作業が重要なのです。

■より強固な信頼関係作りを目指す

交渉は「ノー」から始めることが基本的なセオリーです。自分の意に沿わないことであれば、はっきり「ノー」という意思表示をすべきです。逆に、あいまいな態度に終始し、「ノー」を「ノー」と言えない人は、中国以外のグローバルビジネスの環境でも信用されないでしょう。

中国人とのビジネスを「相手の言うことをすべて信じてはいけない」「信じることを出発にするのは危険」とまで言い切る商社の方がいます。しかし、これは「中国人は信用できない」という意味ではありません。

信頼できるパートナーを見つけ出す眼を養うことは自分自身の問題です。「疑ってもいけない、信じ過ぎてもいけない」というのが私の持論です。自己責任で信頼できる人物を見極める眼を持つことが求められているのです。

最初から相手を疑ってかかるのではなく、相手を理解していくためのプロセスを一歩ずつ進めていくこと、「対立」や「行き詰まり」の中から突破口を探すプロセスの中で、より強固な信頼関係を作っていく姿勢が大切なのではないかと思います。

繰り返しますが、交渉相手は「敵」ではありません。「交渉」とは、言い争って相手を打ち負かすことではありません。人は思いで動きます。思いは人を動かすのです。交渉相手は、共通の目標に向かって、一緒に課題に取り組み、時には競い合い、時には助け合いながら利益を共有し合ってビジネスを進めていくパートナーなのです。

【ポイント】交渉相手は「敵」ではない

・交渉とは「言い争って相手を負かすこと」ではない。
・交渉相手に「マイナスイメージ」や「苦手意識」を持たない。
・意見の「対立」や議論の「行き詰まり」の中から「論点」を見つけ出すことが大切。
・「疑ってもいけない、信じ過ぎてもいけない」。信頼できる人物を見極める眼を持つ。

8 本書の読み進め方

攻めと守りの実践テクニックから読み始めても、事前準備から読み始めてもOK

■「主張」「反論」「攻防」、それぞれの実践テクニック（第1章〜第3章）

交渉では、まず「主張すべきことは徹底的に主張する」という姿勢が大切です。

第1章では「主張のテクニック」を取り上げます。主張すべきことを徹底的に主張する。これが中国人とのビジネス交渉の基本姿勢です。「1＋3の主張法」「メリ・デメ法」「三択法」などの主張テクニックを解説します。さらに、主張するときの注意点、「責任追及」「謝罪の要求」「反論に反論」といった主張するときの禁止事項を取り上げます。

第2章では「反論のテクニック」を取り上げます。まずは「反論に反論しないテクニック」の解説から入り、次に「反論に反論するテクニック」を4つ紹介します。

第3章は「攻防のテクニック」です。交渉も本格的な攻防となります。「ダメ元・ゴネ得」

の主張、議論の「蒸し返し」、「交換条件」、論点の「すり替え」の４つの注意すべき中国的交渉カードを取り上げます。

主張のテクニック（第1章）、反論のテクニック（第2章）、攻防のテクニック（第3章）、どの章からでも読み始めることができます。関心があるポイントから読み進んでください。

■「事前準備」が交渉の成否を決める（第4章）

第4章では「交渉の事前準備」を解説します。この章から読み始めるという方法もお勧めです。交渉の準備から実際の交渉へ〝時系列的に〟理解が深まります。

この章では、４枚の事前準備シートの使い方を解説します。ビジネスの現場を想定して、この４枚のシートを作ってみることをお勧めします。実習を交えながら読み進めてください。

４枚のシートとは、次のようなものです。

①３つのテーマ設定と論点の仕分けシート
②「譲れるポイント」と「譲れないポイント」を整理するためのシート
③「強み」と「弱み」の確認シート

図１ 本書の構成

交渉に臨む心構え（序章）

中国的交渉と日本的交渉の違い
・結果を勝ち取るための交渉
・まとめるための交渉
主張することが評価される文化
事前準備の大切さを知る
４つの交渉パターン分類
交渉相手は敵ではない

交渉の事前準備（第４章）

〈４枚の事前準備シート〉
・３つのテーマ設定と論点の仕分け
・「譲れること」と「譲れないこと」の洗い出し
・「強み」と「弱み」の徹底確認
・交渉のシナリオ設計（交渉の基本台帳）

〈交渉に臨む注意点〉（第４章）
交渉の「決定権」
「交渉期限」という交渉カード
交渉者の「格」に注意
交渉は「対等な立場」で

Round1　主張のテクニック（第１章）

「１＋３の主張法」
「メリ・デメ法」
議論は「三択法」で進める
組み合わせ応用編

〈禁止事項〉
・執拗な責任追及
・謝罪の要求
・反論に反論する

Round2　反論のテクニック（第２章）

〈反論に反論しないテクニック〉
「３つのテーマ設定」と「論点予測」
「傾聴」の姿勢と「仕分けメモ」
議論すべきポイント確認
言い訳の逆連鎖を避ける

〈反論に反論するテクニック〉
・交渉の「役割分担」
・公式折衝と非公式折衝
・「ポジション」の使い分け
・「仮説」としての反論

Round3　攻防のテクニック（第３章）

〈４枚の注意すべき中国的交渉カード〉
・ダメ元・ゴネ得の主張
・議論の蒸し返し
・交換条件
・論点のすり替え
・４枚の複合技

通訳を使うテクニック（第５章）

通訳は「最高の味方」「最強の戦力」
通訳の予算節約はダメ
避けるべき３つの通訳選び
話し手側が注意すべきこと
通訳との事前打ち合わせ
通訳を戦力として徹底活用

〈まとめ〉交渉によって結果を勝ち取るために（第６章）

交渉術３つのアドバイス
「契約書」の重要性
ミーティングでは「議事録」を残す
「契約」を努力目標と考える中国人
「契約を努力目標」とさせないために
より良い信頼関係の構築を目指して

④交渉のシナリオ設定シート

また、後半では交渉に臨む際の注意事項について解説します。中国人は決定権がない担当者とは交渉をしない、交渉担当者の「格」に注意する、交渉のスケジュール管理・交渉期限の設定に注意する、などの内容です。

■通訳は最高の「味方」、最強の「戦力」（第5章）

第5章では「通訳を使いこなすテクニック」を取り上げます。通訳の選び方、通訳を使うときのポイント、話し手側の注意ポイントなどを解説します。

まずは信頼できる通訳を見つけ出すこと、そして同一地域で指名ができる通訳を持つこと、現地では準スタッフ扱いで関係を深めていくと効果的であることなど、私自身が実践してきたノウハウも紹介します。

■交渉術のまとめ・交渉によって結果を勝ち取るために（第6章）

第6章では、「契約書」や「議事録」のほか、交渉をまとめる上での諸注意点を解説します。日本側が「あたりまえ」と思っていることが中国側には「あたりまえ」として通用しないことがあります。こちらの期待通りには動いてくれないのです。

ここで、みなさんに実践していただきたいのは、言葉や文書ではっきり伝えること、連絡を密に取り合って報告や相談を欠かさないこと、さらにチェックポイントを設けて相互に進捗状況を確認する努力です。

また、本書ではいくつものキーワードを紹介していきます。キーワードは各項の最後の「ポイント」にまとめてあります。ぜひこうしたキーワードをみなさんのノートに書き出して活用してください。

【ポイント】本書の読み進め方

・主張すべきことはしっかり主張する（第1章から）
・反論に反論しないテクニック、反論に反論するテクニック（第2章から）
・注意すべき中国的交渉カードとその切り返し方（第3章から）
・交渉の事前準備、交渉に臨む際の3つの注意事項（第4章から）
・通訳を使いこなす実践テクニック（第5章から）

【コラム①】

人は思いで動く、思いは人を動かす／思いの共有ができているか

２カ月後の現地視察を前に銭主任（仮名）に視察先のアレンジをお願いしました。彼は地方政府の高官で、次の栄転では副市長の呼び声も高い実力者。長年の信頼関係から思いが共有できる方です。

しかし、視察先との実務連絡は銭主任の指示で彼の秘書が担当することになりました。「問題ない。任せてください」とのコメントですが、一抹の不安がよぎります。

私は３日おきに確認の連絡を入れましたが、「まだだいぶ時間があるので待ってほしい」「日が迫ったらまた連絡してほしい」という回答。直前になっても「大丈夫。問題ない」「私に任せて」という返事ばかりでした。これは中国ではありがちなことです。しかし、最悪の場合、直前まで回答がない、OK でも当日行ってみると担当者がいない、そもそも訪問先に用件が伝わっていないなど、私は何度経験させられたことか。

思いは人を動かします。しかし、間接的な思いや思いの共有ができていないと人は動きません。事務的な連絡では人を動かすだけの思いはなかなか通じないのです。

視察の３日前、最終確認のため改めて銭主任のもとへ出向きました。笑顔で迎えてくれた銭主任ですが、秘書からは歯切れの悪い回答。案の定、確認の最終段階でトラブルがあった様子。「２カ月も前からお願いしているのに」という気持ちを抑えて、改めてアポの処理をお願いしました。

事態を察した銭主任が携帯電話を手に方々へ連絡を始めました。するとわずか 15 分でアポ取り完成。笑顔の銭主任は（責任を感じたのか）当日も視察団に同行し、アポ先をいっしょに回っていただき、我々は「紅布条」で熱烈歓迎を受けました。＼（^。^）／

第1章

Round 1
主張のテクニック

1 主張のテクニック〈その1〉
「1+3の主張法」
まず結論から告げ、その後3つに絞った説明ポイントを告げる

■【事例】だらだらした主張は効果的でないというケース

「今回の上海視察は……、視察の目的は……」と小林さん（仮名）の自己紹介が始まりました。

現地視察で中国企業を訪問したときのことです。視察先の中国企業も歓迎ムードです。

初めての訪問なので双方の自己紹介からミーティングが始まりました。

「弊社は今年で設立20周年……、高い技術力と品質……、お客様第一の姿勢による信頼……」

小林さんの会社紹介が続きますが、中国側は配られた資料にはあまり関心がなさそうです。

「中国経済の急成長を目の当たりにして……、日本の将来と未来を担う人材の育成に取り組む姿勢を……」と長々と演説を続ける小林さんの言葉を遮って、私がバトンを引き受け、話をつなぎました。事前の打ち合わせで小林さんの視察目的は私も詳細まで十分に理解しています。

「今後の御社との〝提携関係構築〟の可能性について」と単刀直入に私は話を切り出しました。

「結論から申し上げますと、日本側が御社に期待するポイントは〝製品の共同開発〟です」

「ポイントは３つあります。御社にとってのメリットは、第一に○○、第二に□□、第三に△△です……」

私が小林さんに代わってこんなふうに話を進めると、中国側もペンを持ってメモを取り始めました。

「結論から言いますと」を口癖に

相手に主張すべき点を伝えるとき、まず「結論」をはっきり相手に告げます。

次に、結論を導き出したポイントを３つに絞って、その理由を説明します。

これが「１＋３の主張法」です。「１」とは「結論」を告げるということ、「３」とは結論を導き出した理由や状況説明、または背景説明です。

繰り返しますが、まず「結論」を言い、次に結論を導き出したポイントを３つに絞って言う。

これが相手に主張を伝える効果的な方法です。

ここで、もう１つ重要な実践テクニックをご紹介しましょう。それは「口癖」です。

「結論から申し上げますと」という最初のフレーズ、そして「ポイントは3つあります」というフレーズ、この2つのフレーズを口癖にして、「1＋3の主張法」を実践してみてください。主張すべきことをしっかり主張する際、中国人に対して極めて効果的な主張法です。ぜひ試してみていただきたい実践テクニックです。

■「ポイント3つ宣言」を実践する

ポイントを必ず3つに絞って述べ、「ポイントは3つあります」を口癖にすること。

私はこれを「ポイント3つ宣言」と名づけました。

ポイントは常に「3つ」です。ポイントが3つ以上あっても3つに絞り込んで相手に伝えてください。逆にポイントが2つしかなくても、頭の中で瞬間的に3つ目を考え出して、「3つ」にまとめて相手に伝えてください。

私自身、「ポイントは3つあります」と宣言した後、実はポイントを「2つ」しか思いついていないときがあります。あるいはまだ「3つ」にまとめきれていないときがあります。

しかし、そんなときでも私は先に「ポイント3つ宣言」をしてしまいます。そして、2つ目のポイントを話し終わるまでの間に、頭をフル回転させて、3つ目のポイントをなんとか捻り

図2　１＋３の主張法

1　**「結論から申し上げますと……」**
（まず結論を告げる）

＋

3　**「ポイントは３つあります。**
第一に○○、
第二に□□、
第三に△△……です」
（結論を導き出した理由や状況説明、背景説明を行う）

出すのです。これは自分にけっこう大きな負荷をかけるトレーニングにもなります。

　ポイントが2つしか思いつかなかったら、限られた時間で3つ目のポイントを何とか絞り出すトレーニングです。逆に、ポイントが4つも5つもある場合は、限られた時間でそのポイントを3つにうまくまとめ上げる脳のトレーニングです。

　話の持ち時間は1～2分とします。この短い時間に要点を簡潔に、かつ的確にまとめて相手に伝えるトレーニングです。ぜひ、みなさんも実践してみてください。

■相手に聞く姿勢をとらせるのが「ポイント3つ宣言」の真の狙い

「吉村さん、私が言いたいことをうまく中国側に伝えてくれて、助かりました」

ミーティング後、小林さんは中国側の反応にそれなりの手ごたえを感じたようです。

「どういたしまして。小林さんも〝ポイント3つ宣言〟を実践してみてくださいね」と私。

「はい、ミーティングで中国側の様子を見ていて気づいたのですが」と小林さん。

「吉村さんが『結論から申し上げます』と言った瞬間、中国側はペンを持ちはじめました」

「実は、それが狙いです」と私。

「吉村さんが〝ポイント3つ宣言〟をしたとき、中国側の責任者はアシスタントに『メモを取って』と指示していました」と小林さんは「1＋3の主張法」の効果を実感したようです。

中国側に「聞く姿勢」を作らせることが「ポイント3つ宣言」の狙いです。

「私は中国側のアシスタントに注目していましたが、アシスタントは自分のノートに1、2、3という数字を先に書き込んでいましたよ」

「小林さん、よくそんなところまで見ていましたね。実はそれも狙いの1つなんです」

ぜひみなさん実践してみてください。慣れるために次の課題に取り組んでみましょう。

■実践課題■「中国語の学習は赴任の前から、それとも赴任してから始める?」
中国赴任が決まったあなたは中国語の学習に取りかかろうと考えています。あなたは中国語の学習を赴任前から始めたほうがいいと思いますか？　それとも赴任してから始めたほうがいいと思いますか？

「1＋3の主張法」を使って答え方を考えてみてください。

■答え方の例〈その1〉「中国語の学習は赴任してから始めたほうがいい」

中国語の学習を赴任の前から始めたほうがいいか、赴任後に始めたほうがいいか。

結論から言いますと、私は赴任後に始めたほうがいいと思います。

その理由は、**ポイントが3つあります。**

第一に、赴任前は語学の学習に時間を割くより、現在の担当者からの業務の引き継ぎや赴任の準備に十分な時間を割くべきだからです。

第二に、現地に行ってから始業前や就業後など1日30分でも1時間でも会社のほうに中国人教師に来てもらって、時間を有効に使って学ぶほうがいいと思います。

第三に、赴任する場所で使われている中国語の方言や発音、その地域特有の表現方法など、現地ですぐに使える実用的な言葉から学んだほうがいいと思います。

そのためにも中国に行ってから、腰を据えてじっくり中国語を学びたいと思います。

■答え方の例〈その2〉「中国語の学習は赴任前から始めたほうがいい」

中国語の学習ですが、**結論から言いますと、**赴任前から始めるべきじゃないかと思います。

その理由は、**ポイントが3つあります。**

第一に、現地に行ってすぐに使えるように、せめて挨拶の言葉や簡単なコミュニケーションの言葉だけでも学んでおくべきじゃないでしょうか。

第二に、会話の教科書や単語集など日本にはたくさんの中国語教材があります。教材は自分に合ったものを日本で選んでから行きたいですね。特に、文法の解説書は中国人の先生にアドバイスをもらって1冊買って中国へ持っていこうと思います。

第三に、日本人がつまづきやすいポイントを日本にいる中国人の先生に「日本語」で指導してもらいたいです。中国にも優秀な中国語の先生がいると思いますが、日本人に指導した経験が豊富な先生にお願いしたいです。

ですから、やはり時間を見つけて、中国に赴任する前にせめて「ピンイン」と「四声」だけでもマスターしていきたいと思います。

いかがでしょうか。以上の2つは答え方の参考例です。みなさんもぜひ「1＋3の主張法」で答えを考えてみてください。

私の経験から、中国人に対して、この主張法は極めて有効です。実は中国人の中にもこういう話し方をする人がいます。私は何度もこんな中国人に出会いました、もしかしたら、彼らは小さい頃からどこかでこうしたトレーニングを受けているのか、または誰に教わるのでもなく、自然に身につけた自己主張の知恵なのかもしれません。

この主張法は中国人に対してたいへん有効です。同時に、日本人に対してもたいへん有効です。明日の社内ミーティングでも実践してみてください。

【ポイント】自己主張のテクニック〈その1〉１＋３の主張法

・１＋３の「1」とは「結論」。相手にまず「結論」を告げる。
・１＋３の「3」とは「結論」を導き出した「理由」。ポイントを3つに絞って相手に告げる。
・「結論から言いますと」「ポイントは3つあります」（ポイント3つ宣言）を口癖にする。
・限られた時間でポイントを3つにまとめるトレーニングをする。

2 主張のテクニック〈その2〉「メリ・デメ主張法」

メリットとデメリットを徹底的に主張する

■相手にとってのメリットを明確に伝える

「メリ・デメ主張法」とは、前項で説明した「1＋3の主張法」の応用です。

相手にとってメリットになることは何なのか、逆にデメリットは何か、それを抽出して徹底的に主張するという方法です。

「1＋3の主張法」を使って「結論から言いますと」「ポイントは3つあります」と言うところまでは同じです。その後に3つのポイントを説明する際に相手にとってのメリットとデメリットを当てはめます。

「ポイントは3つあります。メリット①○○○、メリット②□□□、メリット③△△△」

この後に「そうすれば」という言葉をつなぎ、最後によい結果になることを強調するとより

図3 メリ・デメ主張法

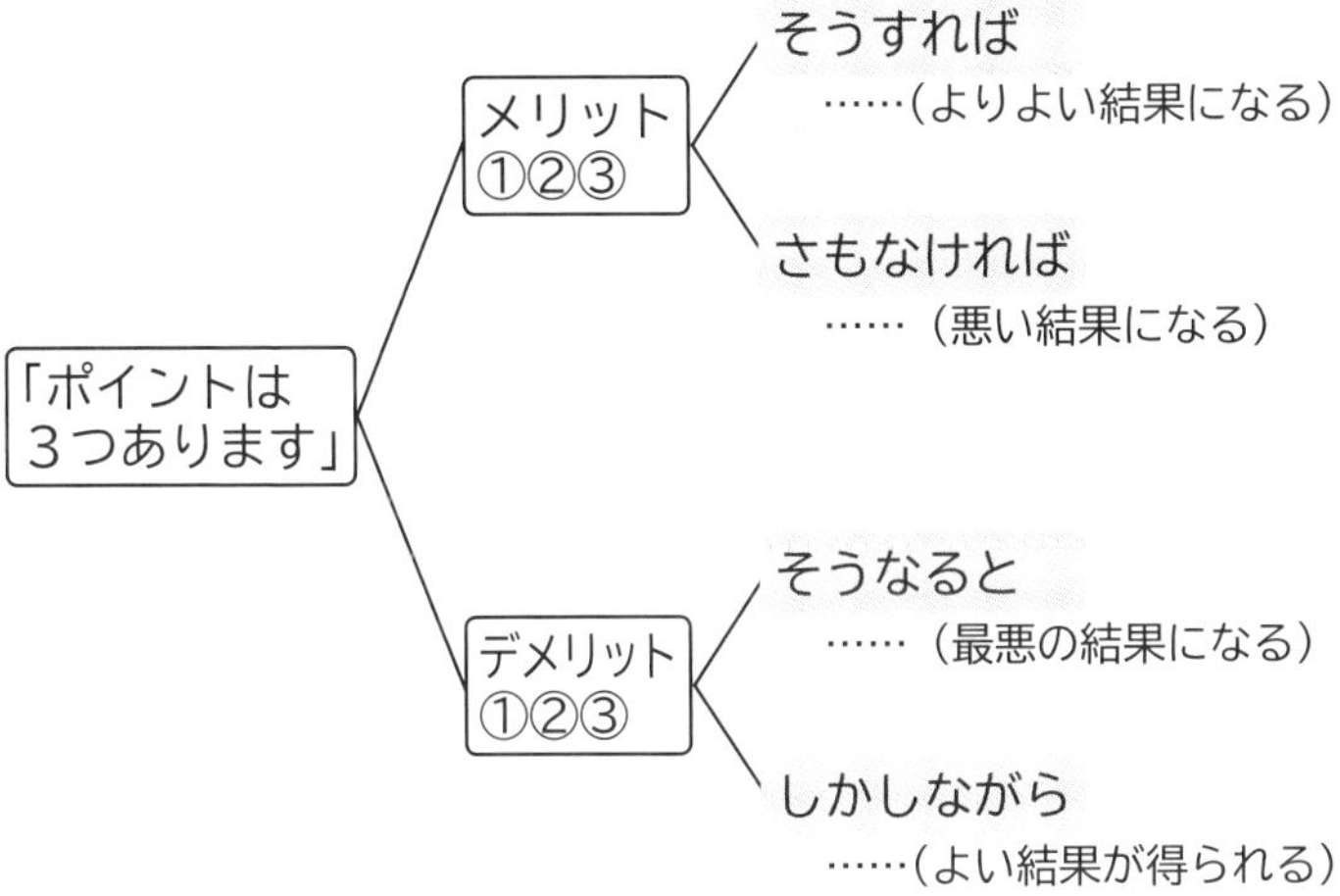

効果的です。

逆に、3つのメリットを伝えた後、「さもなければ」という言葉をつないで、相手にとって不利な結果や悪い結果になる可能性を伝えるという方法もあります。「そうしないと、悪い結果になる」ということを「さもなければ」という言葉を使って匂わせるのです。

■「1＋3の主張法」を使った事例

まず「1＋3の主張法」を使って表現した事例です。

中国の大手流通ストアにデザイナーズブランドのステーショナリーを売り込もうとしています。日本の新進気鋭のデザイナーがデザインを担当し、マスコミでも注目を集めているステーショナリーの新しいブランドです。

「結論から申し上げますと、御社に最もお勧めしたいのはこのオフィスステーショナリーです」

「この製品の特徴ですが、**ポイントは3つあります」**

「第一に、すぐれたデザインです。日本の新進気鋭のデザイナーがデザインを担当し、斬新なデザインと機能美とを兼ね備えています」

「第二に、高い品質です。手にしたときの質感が他社製品を圧倒しています」

「第三は、価格です。他社製品より若干割高ですが、価格差は10％以内に抑えています」

■「メリ・デメ法」のメリットを強調した事例

次に、前述の事例を「メリ・デメ法」を使ってメリットを強調してみましょう。

「結論から申し上げますと、御社に最もお勧めしたいのはこのオフィスステーショナリーです」

「この製品の特徴ですが、**ポイントは3つあります」**

「第一に、この製品を採用していただけましたら、御社店舗で他社に先駆けてデザイナーズステーショナリーを採用したという御社の企業イメージのアップにつながります」

「第二に、御社の店舗で高品質のデザイナーズステーショナリーを取り扱うことで、店舗を訪れる新たな客層の開拓につながるはずです。品質の高さを強調して、富裕層をターゲットとする御社の客層に売り込むのです」

「**第三に**、この品質でこの価格はユーザーにとって魅力的であるはずです。御社に出している価格はスペシャルプライスです。発注量によってはさらなる値引きの検討も可能です」

「ぜひ、早急にこの製品の採用をお考えください。**そうすれば**、弊社では御社との独占契約の話に応じることもできると思いますが、いかがでしょうか」

ここで、「**そうすれば**」の代わりに「**さもなければ**」を使うと悪い結果への導きになります。

「**さもなければ**、弊社としても他社とのアライアンスという選択肢も考慮して、中国での販促戦略を根本的に見直さなければなりません。ぜひ、よい結果を期待しています」

以上がメリ・デメ法のメリットを強調した事例です。

■デメリットを強調したい場合

同じく「メリ・デメ法」を使って今度はデメリットを強調してみましょう。

「もし、この製品を採用していただけないと、御社にとって大きな損失になると思いますが」

「**第一に**、この製品の採用を早期に決めていただけないと、残念ながら他社からの引き合いに応じていくことになります。デザイナーズステーショナリーをいち早く採用したという御社の企業イメージアップ戦略が打ち出せません」

「**第二に**、富裕層という新規顧客の開拓に出遅れます。御社の戦略が足踏みします」

「**第三に**、スペシャルプライスでの契約を見送らざるを得ません。特別プライスによるインセンティブの機会を失うことになります」

「**そうなると**、今後これまでのように新しい企画の提案をまず御社に持ち込むことが難しくなるかもしれません。ぜひ、よいご回答を期待しています」

ここで「**しかしながら**」を使うと良い結果への導きになります。

「**しかしながら**、早期採用をご検討いただけるのでしたら、スペシャルプライスの上に販促キャンペーンの費用を負担する準備もあります。ぜひ、よいご回答を期待しています」

■相手のメリットを徹底的に考える

中国側の立場に立って、中国側のメリットとデメリットを交渉の事前準備の段階で徹底的に洗い出すこと、相手のメリットを徹底的に考えること、これが重要なポイントです。

日本側の「強み」をアピールすることは重要ですが、中国側がその「強み」を本当に欲しているかどうかは別の問題です。売る側の論理で主張しているセールスポイントが買う側にはまったく興味がないというケースもあります。

日本企業は「いいモノは売れる」という強い「モノづくり信仰」があります。そのために、時には過剰スペックであったり、市場が求めていない品質を押しつけてしまうこともあります。

しかし、中国では「いいモノは売れる」のではなく、「売れるモノがいいもの」なのです。

高付加価値・高機能製品より、市場が求めているのは必要十分な機能と価格的な手ごろ感なのです。

「いいモノを作れば必ず売れるはず」という日本の「モノ作り信仰」も大きな曲がり角の時期に来ています。相手のメリットを徹底的に考えたモノの作り方と売り方を真剣に考えていかなければならない時期なのではないでしょうか。

【ポイント】自己主張のテクニック〈その２〉メリ・デメ主張法
・メリット①、②、③、そうすれば……（よりよい結果になる）
・メリット①、②、③、さもなければ……（悪い結果になる）
・デメリット①、②、③、そうなると……（最悪の結果になる）
・デメリット①、②、③、しかしながら……（よい結果が得られる）

3

主張のテクニック〈その3〉

中国人との議論は「三択法」で進める

議論の方向性を読みながらイニシアティブを取る

■「三択方式」で中国人の主張を封じ込める

中国人と議論するとき、私はできるだけオープンクエスチョンを使わないことにしています。オープンクエスチョンとは、いわゆる5W1Hで始まる質問です。いつ、どこで、誰が、何を、どのように、なぜ、といった質問の形です。

オープンクエスチョンで質問をすると、相手は〝強い主張〟を交えて答えてきます。自己主張の強い中国人は無理な要求を遠慮なくしてくる名人です。こうした中国人の無理な要求を避けるためには、最初から言わせないテクニック、無理な主張の封じ込め術が必要です。その1つがオープンクエスチョンを避けるという方法です。

では、オープンクエスチョンを使わずにどのように議論をすればいいのでしょうか？

私は「三択法」を使います。「三択法」とは、結論として導きたい３つの選択肢をあらかじめ準備し、方向性を示しながら相手の考えを探っていく方法です。

【事例】オープンクエスチョンと三択法の違い

中国でお世話になった李さん（仮名）が出張で日本に来ることになりました。李さんは地方政府の企業誘致担当のスタッフです。日ごろのお礼も兼ねて食事に誘うことにしました。空いている時間を確認して、どこへ行きたいか、何を食べたいか、李さんの意向を確認します。

「李さん、中国ではたいへんお世話になりました。ぜひご馳走させていただきたいのですが、お時間ありますか？」と切り出します。

「何が食べたいですか、どこへ行きたいですか」

「どんな料理が好きですか、何か食べてみたいものはありますか」

これがオープンクエスチョンです。５Ｗ１Ｈの疑問詞を使った質問です。

一方、「三択法」を使うとこんな形になります。

「日本料理はいかがですか？　実は韓国料理もおいしい店を知っています。それともやはり中華料理がいいですか？」

中国人の主張攻撃を封じ込める手段として「三択法」が有効である

このようにあらかじめ3つの選択肢を準備して質問します。もし、李さんの答えが「日本料理」であれば、

「日本料理でしたら、おいしい〝うなぎ〟の店を知っているんですが、いかがですか？」

「それともその場で揚げたてを食べさせてくれる〝てんぷら〟はどうでしょうか？」

「それから、ぜひ連れて行きたい寿司屋もあるんですが、李さんはお寿司は大丈夫ですか？」

このように次の展開も「三択法」で進めます。

あなたが自信をもってお勧めすることができる選択肢を事前に準備しておき相手に選んでもらうのです。「自信をもってお勧めできる選択肢」という点がポイントです。

■自信をもってお勧めの一番を事前に準備する

あらかじめ3つの選択肢を用意するのは、一見、押し売り（？）のようですが、中国人はそう考えません。あなたの「自信をもってお勧めの一番」を相手も必ず喜ぶはずなのです。

日本人は選べる選択肢が多いほど「うれしい」と考えます。この「何でも相手の希望をかなえてあげる」という姿勢は、一見「親切」ですが、実は中国人にとってはそうとも限りません。むしろ、あなたの「自信をもってお勧めの一番」が中国人にとって最高の「親切」なのです。

したがって、相手の希望や意向を事前に考えて選択肢を絞り込み、お勧めのレストランを選択肢の中に盛り込みます。

もちろん、これには日本側が用意周到な準備をしておく必要があります。知っている店、行きつけの店、おいしい料理、お勧めの一品、それらが予算内で収まるかどうか、相手の好き嫌い、レストランの場所、レストランまでの行き方、さまざまな面での気配りも必要でしょう。

こうやって考え抜いたおもてなしがあなたの「自信をもってお勧めの一番」になります。

■相手の「ノー」という回答は「結論への近道」と考える

もちろん、あなたのお勧めの料理が相手の希望に合わない場合もあります。「ノー」は「ノー」とはっきり言うのが中国人です。その場合は「ノー」は「ノー」として受け入れて、また別の選択肢を提示すればいいのです。

前述の例で、もし「うなぎ」も「てんぷら」も「お寿司」も李さんは「ノー」だとしたら、「そうですか。それじゃ、〝すき焼き〟はどうですか？〟お好み焼き〟を食べたことがありますか？〝鍋料理〟はいかがですか？」と次の選択肢を示していきます。

ここで李さんが「私はラーメンが食べたい」と言い出したら、その要求が受け入れられるかどうかを考えます。つまり、それは相手の希望や意向を探り出す「近道」になったと考えるわけです。

「ラーメンですね。濃厚スープの〝豚骨ラーメン〟、さっぱり系の〝醤油ラーメン〟、野菜たっぷりの〝味噌ラーメン〟なんかはどうですか？」と、ここでもまた三択でやり取りを進めます。

ここでのポイントは、あなたが提供できる手持ちのカードをできるだけ使うことです。こうして落としどころを探していきます。もちろん手持ちのカードは日ごろからできるだけたくさん準備しておくことが大切です。これが「三択法」で議論を進めるテクニックです。決して、強制的にこちらの選択肢を押し付けるわけではありません。具体的な選択肢の中から相手の希望を探り出していく方法なのです。中国人とのコミュニケーションは「三択法」がお勧めです。ぜひ、試してみてください。

【ポイント】中国人との議論は「三択法」で進める

・質問にはオープンクエスチョン（５Ｗ１Ｈ）はできるだけ使わない。
・選択肢は3つに絞る。相手に選択権を与えるという雰囲気作りをする。
・たくさんの選択肢を提示したほうが相手にとって親切と考えるのが日本人。
・自分が自信をもって勧める選択肢を相手に提示すべきと考えるのが中国人。

4 主張のテクニック〈応用編〉
「1＋3の主張法」と「三択法」の組み合わせ
企業訪問で質疑の時間は「1分間」で自己ピーアールを行う

■質問の時間に誰も質問しない日本人

私見ですが「日本人は質問の仕方がつくづく下手だな」と思うときがあります。

現地視察した際、訪問先の企業でひと通り中国側の会社紹介が終わり、「何か質問がありますか?」という時間になると、積極的に質問をする人はまずほとんどいません。

質問がないほどプレゼンがすばらしかったのか、本当に何の疑問点もないのか、質問を思いつくほど問題意識を持っていないのか、そもそも質問をしたくなるほどの企業ではなかった(?)のか……、質問を待つ間のしばらくの「沈黙」を中国側が不気味がることすらあります。

質問があっても遠慮してその場では発言せず、ミーティング後の名刺交換で「実は、聞きたかったことは……」といきなり質問をする人が現れます。そういう人に限ってたいてい長話になります。

「みなさんの前で質問するのは遠慮して」と本人は言いますが、本当に参加者に配慮するなら、長々と話をしている間、後に並んでいる名刺交換の列に気配りが欲しいところです。

■質疑の時間に相手に印象を残す「1分間」スピーチを行う

「企業訪問で質疑の時間は積極的に手を挙げましょう」と私はみなさんに申し上げています。「質疑の時間は、実は自分を相手に印象づける絶好の機会です」とも申し上げています。

時間は「1分間」です。

関心があるポイントを「1分間」でまとめて相手に伝えます。質問の形で関心があるポイントを相手に示し、自社の製品との接点をさり気なくアピールします。

質問の時間は会社と製品をさり気なく相手に印象を与え、または自分や自分の会社をピーアールできる絶好の機会なのです。

質問の時間を有効活用した「1分間」の上級テクニックです。

ぜひ、このときも「1＋3の主張法」を使ってみてください。

■質問には3つの形（確認型、仮説型、概括型）がある

質問は3つの形があります。①「確認型」、②「仮説型」、③「概括型」の3つです。

①「確認型」とは、相手の発言した内容をオウム返しのように聞き返す形です。「胡さん（仮名）は、先ほど△△△について□□□とおっしゃいましたよね」という形です。数値の確認、発言内容の確認、意見の確認など、ポイントを絞ってオウム返しで相手に質問します。これは相手も「イエス」「ノー」で答えやすく、また自分が何に関心があるか相手に印象づけるためにも有効です。

②「仮説型」とは、テーマを絞り自分が考えた仮説を伝えて、相手の意見を求める形です。「私は◇◇◇と思いますが、胡さんはどう思いますか？」と聞き返す形です。「胡さんに伺いたいのですが、□□□という可能性、△△△という可能性、▽▽▽という可能性は、どうなると思いますか？」と、「三択法」と一緒に組み合わせて使うこともできます。自分の主張を伝えて、相手の考えを確認するときに有効です。

③「概括型」とは、いわゆるオープンクエスチョンでの質問です。「胡さんは、△△△についてどう思いますか？」という形です。これは相手の考えを引き出すときには有効ですが、ポ

イントを絞り難いという欠点があります。質疑の時間でこれをやると、聞きたいポイントとその答えが噛み合わないことがしばしばあります。

■【事例】オープンクエスチョン型の相手が答えにくい質問

台湾に視察団を組んで政府系のシンクタンクを訪問したときのことです。

「データ通信の高速化と携帯端末の今後」というテーマで30分はどプレゼンがありました。担当者の詹主任（仮名）から一通り説明が終わり、質問の時間になると、視察団のメンバーである上野氏（仮名）が手を挙げました。彼はゆっくり立ち上がって、

「今日は詳しい説明をありがとうございました。ひとつ質問があります」と話し始めました。

「どうぞご遠慮なく。説明不足だった点について何でもお答えいたします」と詹主任。

上野氏はレジュメに眼を通し、ゆっくりした口調で質問を始めました。

「あの……、今後の……、スマートフォンの動向について……、どう思いますか？」

「えっ？」と眉間に皺を寄せて、どう答えようか、その場で腕を組む詹主任。

通訳が間に入ったためタイムラグがありましたが、明らかに詹主任の戸惑ったような雰囲気がその場に伝わりました。これはオープンクエスチョン型で、しかも「概括型」の質問です。

質問する側の上野氏はきっと頭の中でいろいろなことに思いをめぐらせて、この質問に至ったのでしょう。典型的な「概括型」の質問です。

しかし、詹主任には答えられません。

「今後のスマートフォンの動向」とは、今後の市場での普及率のことなのか、価格のことなのか、アプリのことなのか、それともサービスモデル、ユーザー動向、アフターサービス、デザイントレンド、技術革新のことなのか、上野氏が聞きたいポイントがわからないのです。もし、すべてに丁寧に答えたら、たいへんな時間を要することになるでしょう。

【事例】「1＋3の主張法」を使った相手が答えやすい質問

「先ほど、詹主任は端末の普及率についてAという数値をおっしゃいましたが、この数値でまちがいありませんね？」と上野さん。これは「確認型」の質問です。

「はい。Aで間違いありません」と詹主任。「イエス」「ノー」で即答できる質問の形です。数値の確認から感心のあるポイントが「端末の普及率」であることを知らせる効果もあります。

「詹主任はAとおっしゃいましたが、マスコミの報道ではA①という数値も発表されています。専門家の見方ではA②のようです。しかし、個人的にはA③という数値がより現実的ではないかと思いますが、いかがでしょうか？」と上野さん。

これが「三択法」を使ってより踏み込んだ質問をするときのテクニックです。選択肢を準備して、より踏み込んだ形で詹さんの考えを聞き出します。「仮説型」の質問です。

「1年後の普及率について、私はB①、B②、B③という3つの可能性が考えられると思いますが、詹さんはどうお考えですか？」と上野氏。「仮説型」の質問の形です。

以下は、前述の上野氏の質問を「1＋3」の形で質問し直した場合の例です。

「今後のスマートフォンの動向について質問させていただきます」

「質問の**ポイントは3つです**。**第一に**1年後と5年後の中国での端末の販売台数について、**第二に**携帯契約者数に占める割合について、**第三に**今後の普及率について、ご意見をお聞かせください」

どうでしょうか？　このほうが相手に聞きたいポイントをしっかり伝えることができるのではないでしょうか。

「では、詹さんは5年後の可能性をどう思いますか？」と上野氏。

最後にこうして「概括型」の質問を詹主任にぶつけます。こうして聞きたいポイントを相手から引き出すのです。

最後にもう1つ、すぐに使える実践テクニックを伝授しましょう。

私は「ポイントは3つ」を伝えるとき、左手で指を三本立てて話をします。右手の人差し指で今何番目のポイントを話しているか、左手の三本の指を指しながら話を進めます。

今いくつ目のポイントを話しているか、話があとどれくらい続くか、相手に知らせるためのジェスチャーです。ぜひ、これも実践してみてください。

【ポイント】質疑の時間をもっと有効に活用すべき

・質疑の時間は積極的に手を挙げよう。聞きたいポイントは1分間にまとめる。
・質問には3つの形（確認型、仮説型、概括型）がある。
・「1＋3の主張法」と「三択法」を応用して効果的な質問をする。
・質疑の時間は自分を相手に印象づける絶好の機会（「1分間スピーチ」でトレーニングを）。

5 中国人と交渉する際の禁止事項

担当者のミスを人前で「叱責」してはいけない

■執拗な「責任追及」は問題の解決を遅らせる

ここでは、中国側とビジネス折衝や交渉する際の「禁止事項」を説明します。キーワードは「責任追及」「謝罪の要求」「反論に反論」の３つです。

中国人との交渉時に相手のミスを指摘して、執拗に責任を追及する行為は避けるべきです。問題の解決を遠ざけるだけです。

また、ミーティングでは、個人に対する注意や第三者がいる場面で叱りつける行為も厳禁です。中国側の担当者のミスが仮に明らかだとしても、人前でそのミスの叱責は禁物です。

「人前で叱ること」は相手の「面子」を潰すことになります。仮に、本人に「非」がある場合であっても、そうでなくても、ミーティングの席上で執拗に責任追及するのではなく、場を変えて問題点について本人に直接指摘するべきでしょう。人前での叱責や責任追及は厳禁です。

中国人は「面子」をたいへん気にします。「面子」を潰されることを極端に嫌います。「面子」に対するこだわりは日本人が想像する以上です。ミーティングの席上で一度でも相手の「面子」を潰してしまうと、取り返しのつかないことになります。注意をする側も、注意を受ける側も、これまでせっかく培ってきた信頼関係を一気に壊してしまうことになります。

日本人でも人前で恥をかかされたり、「面子」を潰されたりすることは嫌なはずです。しかし、日本と中国人とで決定的に違う点は、面子を潰されたときに受ける打撃の「深刻さ」です。

中国人にとって「面子を失う」「面子を潰される」という行為は、私たち日本人の想像を遥かに超える深刻な受け止め方をしているはずです。感情に任せて執拗に責任追及に走ったり、人前で担当者を叱責したりすることは厳禁です。もちろん、それが「叱咤激励」であっても同じです。あなたは「激励」したつもりでも、中国人はそれを「励まし」とは感じずに、「面子」を潰されたとしか感じないはずです。

■面子にこだわる中国人は気持ちの切り替えが苦手

「徐さん（仮名）、この件は僕にも責任があるから、何とか許してもらえませんか？」

軽い気持ちで松永さん（仮名）は徐さんに言いました。

「わかりました」との徐さんの言葉で松永さんはホッとしましたが、実は、後でたいへんなことになりました。

この件は、松永さんに全面的に責任があったとは言い切れない面があります。しかし、「日本側がミスを認めて謝罪した」という前提でその後のビジネスが進みました。

「責任の所在」「ミスの代償」「損害の保証」と話はどんどんエスカレートしていきました。

「そんなつもりではなかった。過去のトラブルに〝けじめ〟をつけて、新たな気持ちで中国側との関係構築を図るつもりだった」というのが松永さんの弁です。

これは「謝罪」ということに対する日本人と中国人の感覚差が問題です。

日本語には上手に気持ちを切り替えるための便利な言葉がたくさんあります。「水に流す」「済んだことは忘れて」「過去にケジメをつけて」「気持ちを切り替えて」「新たな気持ちで」「心機一転」などなど。

日本人はどうやら上手に気持ちを切り替えるという処世術を身につけているようです。すんでしまったことは水に流して気持ちを切り換え、新たな気持ちでもう一度最初からやり直しができるという精神構造を持っている民族なのです。

しかし、中国人は自分の非を認めて謝るという行為に極めて慎重です。基本的に中国人は謝りません。謝罪は敗北と考えます。謝るという行為は自分の地位や名誉、財産、人格そのものまでもすべてが否定されることと考えるからです。もし、中国側にミスがあったとしても、その「責任」は一度棚上げして、交渉を進めるべきでしょう。執拗な「謝罪の要求」は避けるべきです。

中国人に反論すると、必ずまたその「反論」が返ってきます。その反論にまた「反論」すると必ずまたその「反論」が返ってきます。交渉が白熱してくると、つい相手の言葉尻に反応してまた反論をすると、相手からの反論は「言い訳」になり、「へりくつ」になって、また返ってきます。私はこれを「言い訳の逆連鎖」と名づけました。

このように議論がマイナスのスパイラルに陥ってしまうことは避けるべきです。「反論に反論」することは、中国ビジネスでの禁止事項の1つです。

【ポイント】執拗な「責任追及」は避けるべき

・執拗な「責任追及」は問題の解決を遠ざけるだけ。
・相手側のミスを人前で「叱責」してはいけない。
・中国人の「面子」を潰すことは、日本人が想像する以上に深刻なダメージを与えている。
・気持ちの切り替えが上手な日本人、気持ちの切り替えが苦手な中国人。

第2章

Round2
反論のテクニック

1 反論に反論しないテクニック〈その1〉
反論に反論しないための準備
「テーマ設定」「論点予測」、メモの仕分け、議論すべき序列の確認

■3つの段階を意識しながら準備を進める

ビジネス折衝や交渉では、まずは相手の反論に対して反論しないことが「基本姿勢」です。相手の主張を徹底的に聞く姿勢を示します。「傾聴」の姿勢を示し、できるだけ多くの主張を聞き出してから反撃の作戦や戦略を考えるほうが有利に交渉を進めることができます。

「傾聴」の姿勢とは、相手の主張を徹底的に聞くこと、聞く姿勢があるということを相手に示すことです。「反論に反論する」ためには、まず「反論に反論しない」ことが基本なのです。

この章の前半ではまず「反論に反論しないテクニック」から取り上げます。そして章の後半では「反論に反論するテクニック」を取り上げます。「反論に反論しないテクニック」は「反論に反論するテクニック」の準備段階と考えてください。

「反論に反論しないテクニック」は次の３つの段階で進めていきます。

第一の段階は、交渉のテーマと論点を設定する段階です。議論すべきポイントを３つの分野に分類して交渉のテーマとなるキーワードを予測してみます。「３つのテーマ設定」と「論点の予測」です。

第二の段階は、相手の主張を聞いて論点を仕分けする段階です。「傾聴」の姿勢を示し、徹底的にメモを取ります。相手の主張を３つのテーマに従って分類しながらメモを取ります。メモを取るときのノートの書き方がポイントです。

第三の段階は、仕分けしたメモをもとにして、論点となるポイントについて議論すべき順序を考える段階です。「仕分けメモ」の見直し、議論すべき「序列予測」、相手への「聞き返し」、議論すべき「序列確認」へと進んでいきます。

■ノートを4分割して「3つのテーマ」と「論点」の書き込み準備をする

ここでは第二の段階における、メモの取り方、ノートの使い方について紹介しましょう。

私はＢ４版ではなく、少し大きめのＡ４版のノートを愛用しています。Ｂ罫６ミリ幅、１ページ43行のＡ４版ノートです。ノートを開くと手元で大きく視界が開け、広いスペースに文字も図表もたくさん書くことができるからです。

思考を巡らせたり、考えを整理したり、新しいアイデアを捻り出すとき、私はこのA4版ノートを使います。ノートいっぱいに書き込みをして、文字や図形をじっくり眺めて考えます。書いては消し、書いては消し、別のページに書き直しては整理し直して思考を深めていきます。

開いたノートに縦と横に線を引いて4つのブロックを作り、3つのテーマを書き込むスペースを作ります。左上が「テーマ1」、右上が「テーマ2」、左下が「テーマ3」、そして右下には「その他」と書き込みます。ここが論点をテーマごとに仕分けして書き込むためのスペースです（89ページの図4参照）。

【ポイント】「反論に反論しないテクニック」は3つの段階を意識

・第一の段階は、「3つのテーマ設定」と「論点の予測」がキーワード。
・第二の段階は、「傾聴」の姿勢を示す、論点を仕分けしながらメモを取る。
・第三の段階は、「仕分けメモ」の見直し、「序列予測」、「聞き返し」、「序列確認」。
・ノートを4つのブロックに分割し、3つのテーマを書き込む（メモを取る体制を整える）。

2 反論に反論しないテクニック〈その２〉「３つのテーマ設定」と「論点の予測」

相手の主張を徹底的に聞く姿勢を示し、メモの取り方とノートの使い方を工夫する

■議論すべきポイントを３つの分野に分類してテーマを予測する

反対論に反論しないテクニックの第一段階は、交渉のテーマと論点を設定することです。「３つのテーマ設定」と「論点の予測」がキーワードです。ノートの準備が終わったら、３つのテーマ設定から取りかかります。

ビジネス折衝や交渉に臨むとき、議論すべきポイントを３つの分野に分類して交渉のテーマとなるキーワードを予想してみます。これが「３つのテーマ設定」です。

さらに、３つの分野に分類したテーマごとに、相手の主張を事前に予想してみます。これが「論点の予測」です。予想される主張を３つの分野に分類して、それぞれのテーマごとに書き込んでいきます。どれだけの項目が書き出せるか、これが事前準備で最も重要な作業です。

■【事例】「部品コンポーネンツのOEM調達」

日本企業A社は自社製品の部品コンポーネンツを中国で生産委託している。これまでOEM生産で台湾企業B社との取引を行ってきたが、B社から独立した中国企業C社との取引を検討している。C社との窓口は中国人の劉氏（仮名）である。彼はB社で専門技術と生産管理を徹底的に学んだ後、2年前に独立してC社を設立した。地元の地方政府や銀行のバックアップを受けて、これまで順調に業績を伸ばしてきた。従業員数ではすでにB社と肩を並べるほどになっている。今後、工場を拡張してビジネスを一気に広げたい意向だ。

A社では、社内の増産体制に合わせて部品コンポーネンツの調達量を急いで増やしたいという意向だ。しばらくはB社とC社の2社購買で進めていくが、今後スピーディーな対応を「強み」にしているC社に対して発注量を徐々に増やしていきたいとも考えている。改善活動や技術指導、品質検査体制の指導など積極的な提携関係を進め、品質がより安定すればコストダウンのためにより価格の安いC社の製品に発注を一本化していきたいと考えている。

しかし、追加オーダー契約を交わした後、劉氏との連絡が途絶えがちになった。劉氏はC社の経営で相当忙しいらしい。しばらくして、C社の技術担当マネジャーである孫氏から連絡が入り、「外部接続のコネクタ部に不具合があり初期ロットの納期を少し遅らせて欲しい」という。「それは困る」と強く申し入れたが、「春節前までには間に合わせる。問題ない」という回答を得たのでやむを得ずこれを了解した。

しかし、その後も「指定部品の調達に問題が生じたので、部品の一部を変更したい」という連絡や「仕様書通りの部品を使うにはコストの上乗せが必要だ」という連絡があった。どうやら約束した春節前までの納品も難しい状況になってきたらしい。A社の担当者は急遽現地に赴き、総経理の劉氏と技術担当マネジャーの孫氏にミーティングを申し入れることになった。

■それぞれのテーマで議論すべき論点となる項目を予測する

この事例をケーススタディにして、３つのテーマ設定と論点の予測を考えてみましょう。議論すべきポイントを３つの分野に分類して交渉のテーマとなるキーワードを予想してみます。これが「３つのテーマ設定」です。

たとえば、このケースの場合、議論すべき３つのテーマとは、①「納期」、②「品質」、③「コスト」の３つになります。３つのテーマ設定で、まず大まかな方向性をイメージします。

次に、議論すべき「論点」となりそうなキーワードを予測して、３つのテーマ設定ごとに１

つひとつ書き出していきます。

たとえば、①「納期」についてであれば、初期ロットの納期遅れ、春節前までの納期約束、②「品質」についてであれば、外部接続のコネクタ部に不良、指定部品の調達トラブル、A社への技術指導、③「コスト」についてであれば、部品のコスト上乗せ、製品発注の一本化など。このように議論のポイントになりそうなキーワードを箇条書きでどんどん書き出してみます。これが「論点予測」です。

さらに、もう一歩踏み込んで、より多くのキーワードを予想してみましょう。たとえば、①「納期」では、部品変更による納期短縮、仕様変更による納期短縮、それにより発生する問題点について、②「品質」では、改善活動の指導者派遣、全品検査体制を作るノウハウの指導、技術指導、共同開発、③「コスト」では仕様変更による価格への上乗せ、代替部品の有無とその品質、コストダウンに向けた抜本的な設計の見直しなど、想像力を働かせて思いつくキーワードを箇条書きでどんどん書き出してみます。どれにも当てはまらないものは「その他」に書きます。3つのテーマに跨るキーワードであれば、ノート上の中間位置に書いてみます。

品質がコストに影響を及ぼしたり、コストが納期に関係したり、複数の要素が影響し合うポイントもあります。分類が難しいキーワードです。しかし、無理に3つのテーマに当てはめようとせず、中間位置に書き出したり、2つのキーワードを線で結んだり、上手にノートを使っ

図4　３つのテーマ設定と論点の仕分け

1　３つのテーマ設定

- ビジネス折衝／交渉に臨む前に事前準備を
- 議論すべきポイントを３つの分野に分類
- 交渉のテーマとなる３つのキーワードを予測
- 相手がどんな主張をしてくるか徹底的に予測
- 仕分けノートに予測ポイントを書き出してみる

2　ミーティングが始まったら

- 徹底的に聞く姿勢を示す（傾聴）
- 相手の主張を３つのテーマにしたがってメモを取る
- 分類した３つのエリアに仕分けしながらメモを取る

3　論点となるポイントを探す

- 仕分けメモの見直し→序列予測→聞き返し→序列確認

テーマ1　納期 外部コネクタ部の不都合による納期の遅れ 初期ロットの納期遅れ 初期部品の納期遅れが原因？ 春節前の納品が難しい 部品変更による納期短縮 仕様変更による納期短縮 指定部品工場のストライキ	テーマ2　品質 外部接続コネクタ部に不都合（原因は？） 指定部品の調達にトラブル 改善活動の指導 品質検査体制強化 技術指導 共同開発 仕様変更による品質への影響 代替部品の有無と品質 初期ロットの全品検査 代替部品のサンプルチェック 中国側が要求する品質水準
テーマ3　コスト コストダウンのためC社に発注を一本化 仕様書通りの部品のコスト 部品のコストの上乗せ？ 上乗せの要求価格 コストダウンに向けた抜本的な設計見直し ワーカーコストの上昇 日曜出勤による生産 ワーカーの臨時採用／増強 専門家派遣の費用負担 技術者の日本研修の費用負担	その他 劉氏と孫氏の信頼関係 検査機器の無償供与 日本から専門家の派遣 技術者の日本研修 地方政府要人の招聘 ディズニーランド観光

てみてください。

ここでのポイントは、想像力を働かせて、相手がどんな主張をしてくるか徹底的に予測してみることです。同時に日本側はどんな主張をすべきか、思いつく範囲で徹底的に書き出してみます。これが「論点予測」です。テーマ1からテーマ3まで、キーワードはそれぞれの欄の左に寄せて書いてみてください。その右のスペースには実際に交渉が始まったとき、相手の主張をメモするためのスペースです。

最後に、どのポイントで中国側と対立しているか、どのポイントが共通認識部分（非対立点）であるか、この段階でチェックしてみます。この共通認識部分の確認作業は、「論点」をより明確に意識するために大切な作業です。

【ポイント】「3つのテーマ設定」と「論点の予測」

・議論すべきポイントを3つの分野に分類してテーマを予測する。
・4つのブロックに分割したノートに3つのテーマを書き出す。
・それぞれのテーマごとに議論すべき論点となるキーワードを予測して書き出す。
・中国側との対立点と共通認識部分を確認する。

3 反論に反論しないテクニック〈その3〉「傾聴」の姿勢と「仕分けメモ」

相手の主張に徹底的に耳を傾けて、メモを取る

■「傾聴」の姿勢を示し、徹底的にメモを取る

反論に反論しないテクニックの第二段階は、相手の主張を聞いて論点を仕分けする作業です。まずは相手の主張を徹底的に聞く姿勢を示します。次に相手の主張を聞きながらメモを取ります。そして、メモを取るとき、相手の主張を３つのテーマごとに分類してノートに書き込みます。これが「論点の仕分け」です。

ここで注意したいポイントは次のような点です。

まず、相手の話を徹底的に聞く（傾聴）という姿勢です。

次に、メモは箇条書きで、できるだけたくさん相手の主張を聞き出します。

そして、相手の主張に反論したくなっても、ぐっと堪えて傾聴の姿勢を示して、相手の主張

をできるだけたくさん引き出して徹底的にメモを取ります。

相手の主張を3つのテーマごとに分類しながらノートにメモを取ります。これが「仕分けメモ」です。

■相手の主張が1つのテーマに集中してしまったら

ミーティングが始まって、メモを取り始めると、メモが1つのテーマに集中してしまうことがあります。これはテーマ設定の予測が不十分だったということになります。メモが1つのテーマに偏ってしまったら、テーマ予測に関して、事前の詰めが甘かったということです。

たとえば、前項の事例「部品コンポーネンツのOEM調達」の場合を考えてみます。3つのテーマを意識してメモを取りながら、孫氏の主張を聞き取ります。結果的に「品質」に関する主張が孫氏から次々と出て来ました。

たとえば、外部接続のコネクタ部の不良について、日本側が指定する部品調達の難しさについて、代替部品の提案について、A社への技術指導について、C社技術者の日本研修について、など。出荷検査は全品検査ではなく抜き取り検査で十分であるという主張や、将来は共同で技術開発センターを設立したいという意向など、実際にミーティングが始まるとノートの上に書き切れないほどの内容となりました。

事前に予測できた主張もありましたし、逆に予測していなかった主張もあります。まずはすべてを書き出し、対立点と共通認識部分を確認します。

このように「品質」というテーマに中国側の主張が集中する結果となったら、テーマ設定の事前予測が不十分だったということですので、３つのテーマ設定の見直しに取り掛かります。

「品質」をさらに細分化して、テーマ設定とし、他の「納期」や「コスト」は「その他」の項目といっしょにまとめるべきだったかもしれません。つまり、３つのテーマ設定は、「品質」というテーマをクローズアップしてさらに細分化して、「代替部品について」「出荷検査体制についいて」「技術者育成の取り組みについて」となるわけです。

■「３つのテーマ設定」の見直し

もし、「納期」の欄に仕分けしたメモが集中してしまったら、これも事前のテーマの予測が甘かったということになります。相手の最大の関心事は「品質」ではなく、「納期」であるということなので、議論すべきテーマ設定を「納期」に変更すべきです。逆に、３つのテーマ設定でメモが少ないテーマは重要ではないということです。これもテーマ設定を見直すべきです。

交渉が始まる前に、どれだけ的確に3つのテーマ設定ができるか、これがポイントです。しかし、同時に交渉を進めていく過程の中で、迅速に3つのテーマ設定の見直しをしていくことも重要です。この事前予測はどんどん見直していくべきです。

中国側が想定外の「論点」を持ち出してくることもあります。中国側が事前の予測よりももっと厳しい「対立点」を示してくることもあります。

日本側の事前予測と中国側の主張とが違っていたら、その都度見直しや修正を加えていくべきです。このスピード感とフレキシブルな対応も中国人との交渉では重要なポイントです。

【ポイント】「傾聴」の姿勢と「仕分けメモ」

・ミーティングが始まったら、まずは相手の主張を徹底的に聞く（「傾聴」の姿勢を示す）。
・相手の主張をテーマごとに分類しながらメモを取る（仕分けメモ）。
・メモが集中してしまう項目はテーマ設定の見直しを行う。
・テーマ設定はスピーディーにフレキシブルに何度も見直しを行う。

4

反論に反論しないテクニック〈その４〉
議論すべきポイントを確認する

４つのプロセス「仕分けメモ」の見直し→「序列予測」→「聞き返し」→「序列確認」で論点確認

■優先的に議論すべきポイントを確認する方法

反論に反論しないテクニックの第三段階は、仕分けしたメモをもとに、論点となるポイントについて議論すべき順序を考える段階です。①「仕分けメモ」の見直し→②議論すべき「序列予測」→③相手への「聞き返し」→④議論すべき「序列確認」という４つのプロセスで議論すべきポイントの順番を確認します。

まず、仕分けメモを確認し、相手がどのポイントの議論を優先させたいと思っているか予測を考えます。これが議論すべきポイントの「序列予測」です。

次に、予測した順序が正しかったかどうか、相手に問い掛けます。

「議論すべき順番はAについて、Bについて、Cについて、これでよろしいですね」と日本側。

これが議論すべきポイントの「聞き返し」です。

「はい。間違いありません。まず、Aについて話を進めたいと思います」と中国側。これが「序列確認」です。議論すべきポイントの順序について共通認識を確認したことになります。

■議論すべきポイントを相手に意識させる

中国側が予想に反する答えを返してくることもあります。

「いいえ、まずCについて協議しましょう。次にBについて。Aは最後でもいいです」

この「序列確認」で中国側の意向が確認できたわけです。これは極めて重要な作業です。

「日本側はまずAから議論を始めることを希望します。いかがでしょうか？」

このように議論すべきポイントを日本側から申し出てもよいでしょう。

大切なのは議論すべきポイントを明確に示すということです。「序列予測」が当たっていたか外れたかということは問題ではありません。必ずしも予測が的中していなくてもいいのです。

繰り返しますが、①「仕分けメモを確認する」→②「議論すべき順番を予測する」→③「聞き返す」→④「確認する」という4つのプロセスをぜひ意識しながら議論を進めてみてください。具体的な議論の攻防に入る前の大切なプロセスです。

たいへん地味な作業ですが、中国人とのビジネス折衝や交渉ではこれが後で大きな効果を発揮します。これが第3章で述べる中国的攻防のカードを封じ込めるテクニックにつながります。

■日本型の意向と中国側の意向が違ってしまったら

前出の事例を使って説明します。

「孫さん、〝品質〟〝納期〟〝コスト〟という3つのテーマがあります。まずは〝品質〟について議論を進めたいと思いますが、よろしいでしょうか」と日本側。これが「聞き返し」です。

「孫さん、日本側はまず〝品質〟について、次に〝納期〟について、最後に〝コスト〟について、この順番で協議に入りたいと思います。よろしくお願いします」

このように議論すべき項目の序列を予測し、相手に聞き返して、論点として議論すべきポイントの意識の共有化を図ります。論点を明確にした上で議論に臨むことが大切です

「わかりました。では、〝品質〟から協議を始めましょう」と中国側。

たとえば、「品質」について最初に議論するという共通認識ができたら、今度はより具体的な内容についての意識合わせをして行きます。

「孫さん、それでは、初めにコネクタ部の不良、次に代替部品について、最後に出荷検査につ

いて、この順番でミーティングを進めます。よろしいでしょうか」とより具体的に議論すべきポイントの優先順位を示していきます。

「孫さん、日本側がまず解決したいポイントはコネクタ部の不良についてです。ここから議論に入りましょう」というように、明確に日本側の意向を主張してもよいでしょう。

もちろん、議論すべきポイントの優先順位について双方の見解が違っていることもあります。「中国側は、初めに代替部品について、次にコネクタ部の不良について、最後に出荷検査について、この順番で協議していきたいと思っています」と孫氏の考え。

ここでは「どちらの主張を優先させるか」よりも、「議論すべきポイントを明確にすること」が重要です。時には相手の意向を尊重して譲ることも必要ですし、時には一歩も引かない姿勢を示すことも必要です。ポイントは「論点」を明確にした上で議論を進めることなのです。

【ポイント】議論すべき順序の確認

・相手がどの項目を優先点として議論したいと考えているか予測する。
・予測した順序を相手に聞き返す。
・相手の意向を確認して接点を見出す。
・今、何を議論すべきか、何を議論しているのか、相手に意識させることがポイント。

5 反論に反論しないテクニック〈その5〉
言い訳の逆連鎖を避ける
反論に反論しないためにはまず、相づちをうまく使って聞く姿勢を崩さない

■「言い訳の逆連鎖」を避ける

交渉で中国人の主張に反論すると、必ずその反論が返ってきます。それに反論すると今度は「言い訳」が返ってきます。またそれに反論すると今度は相手の反論が「へりくつ」となって返ってきます。熱い議論が続くとついヒートアップして、つい「反論」に「反論」を繰り返してしまうものです。

第1章でも取り上げたように、反論に反論することは中国人との交渉における禁止事項です。そのためには、まず相手の主張を徹底的に聞き取り、①「仕分けメモ」の見直し→②「序列予測」→③「聞き返し」→④「序列確認」という4つのプロセスを冷静に実践していくことが必要です。

つい感情的になって、「言い訳の逆連鎖」的なマイナスのスパイラルに入ってしまっては相手の思うツボです。私自身、これまで中国人との交渉の中で苦い経験を何度もさせられてきました。「反論に反論しない」をビジネスの現場で実践するのは簡単なことではありませんが、ぜひ4つのプロセスを意識しながら議論を進めてください。

■「相づち」の効果的なテクニック

「傾聴」の姿勢を示すときは、「相づち」をうまく活用することをお勧めします。「相づち」は相手の言っていることに対して共感の姿勢を示す最も簡単で有効な方法です。

私の場合、相手の話の区切りのいいところで、「はい」「はい」「はい」「そうですか」と言うリズムを1つのパターンにしています。

たとえば、相手の話す言葉やフレーズに対し「はい」と相づちを打ち、次の言葉に区切りのいいところで「はい」、その次にまた区切りのいいところで「はい」と続け、そして4回目は「そうですか」と大きく頷きます。これを一定のリズムで行うのです。「はい」「はい」「はい」「なるほど」でも、「はい」「はい」「はい」「その通りです」でもいいでしょう。

要するに「相づち」のポイントはリズムです。時にテンポよく、時には意識的にゆっくりとリズムを心がけて「相づち」を返すように心がけます。

また、交渉相手が中国語で話しているときも「傾聴」の姿勢を示すことが必要です。たとえば、相手の話す中国語がわからない場合でも、首を縦に振ったり、通訳のほうを見て通訳が返す「相づち」を確認したりと、相手の話に耳を傾けている姿勢を示すほうがよいでしょう。

相手にしっかり「相づち」を返すことは、反論に反論したい気持ちを静め、自分自身の冷静さを保つ1つの方法です。ぜひ、自分流の「相づち」を工夫して実践してみてください。

ただし、あまり頻繁すぎると逆効果です。わざとらしくなったり、くどくなったりしないように注意してください。さりげなく、節度を持って「相づち」を返すことも大切です。

【ポイント】「相づち」のテクニック

- 「相づち」で相手に「傾聴」の姿勢を示す。
- 「はい」「はい」「はい」「そうですか」というリズムを大切にする。
- フレーズの間、相手の話し方、テンポを工夫してリズミカルに「相づち」を返す。
- 中国語がわからなくてもジェスチャーや「相づち」を返して「傾聴」の姿勢を示す。

6

反論に反論するテクニック〈その1〉

「役割分担」を決める

「主張をする人」と「主張を聞く人」という役割を決めておく

■徹底的に日本側の主張をする人、徹底的に主張する人をなだめる人

ここからは、効果的な反論の仕方について、「言い訳の逆連鎖」に陥らないような反論の仕方を考えてみましょう。

まず、交渉に臨む前に日本側メンバーの中で2つの役割を決めておくという方法です。

一人は徹底的に中国側に意見を述べる人です。日本側の意見を相手に伝え、中国側の意見に対する強硬な反対意見を言う役割です。主張すべきことを遠慮なく主張し、時には中国側に対して意図的に強硬な姿勢を見せます。

眉間に皺を寄せ、多少オーバージェスチャーぐらいの態度で日本側の主張を述べ、妥協しない強硬な姿勢を中国側に示します。時には「聞く耳持たぬ」といった態度で、一方的に主張を

繰り返すという作戦もありです。

もうひとりは中国側の意見に対して、一定の理解を示す人です。強硬な意見を言う人をなだめる役になります。「まあまあ、中国側の意見も聞いてみよう」というように中国側の主張に耳を傾けて熱心に聞く姿勢を示す役回りです。

1つひとつの主張に頷き、相づちを打ち、熱心にメモを取り、メモの内容をオウム返しで再確認するなど、こうした姿勢を意図的に中国側に示します。

この2つの役割分担は、ある意味では有利な交渉を進めるための「演出」です。強硬に主張する役はあまりいい役回りではありませんが、「憎まれ役」（？）担当です。本人には申し訳ありませんが、交渉の結果を勝ち取るためにこの役を演じていただきます。

もう一人は「やさしい人」「いい人」（？）の役回りです。中国側の表情を見極めながら、日本側の強硬意見に行き過ぎがあったら、それを抑える役割です。この「メリハリ」と「アソビ」が反論に反論する上では大きな効果を発揮します。

■「それはおかしい！　その主張は絶対に受け入れられません！」という強硬な主張

「中国側の主張は到底認められません！」と高橋さん（仮名）が切り出しました。

「楊さん（仮名）がおっしゃった件はすでに決着がついている内容です。いまさらその要求を持ち出してくることはおかしいです」と高橋さんは多少声を荒げて、相手の考えに反対の意思表示をしました。

「楊さん、中国側の主張には反対です。理由は3つあります。第一に○○○、第二に□□□、第三に△△△という理由です。これらの点はこれまでも繰り返し言ってきた内容です」

高橋さんは眉間に皺を寄せて発言を続けます。かなり強硬な態度です。これが高橋さんの役回りです。日本側の要求を徹底的に中国側に主張することなのです。

■「まあまあ、そう熱くならずに」となだめ役が割って入る

「高橋さん、あなたの言いたいこともわかるが、中国側の話も少し聞こうじゃないか」と高橋さんの強硬な態度に大橋さん（仮名）がストップをかけました。

「日本側の考えを一方的に主張するだけじゃなくて、中国側にも言いたいことがあるだろう」と大橋さんは今にも怒鳴り出しそうな高橋さんを制止する役割を演じます。

もちろん、高橋さんの強硬意見も打ち合わせ通りの発言です。

高橋さんが「主張する人」、大橋さんが「聞き役」です。大橋さんは「主張する人をなだめ

る役割」も演じます。２人は事前にそれぞれの役割分担を決めて、役を演じているのです。「楊さん、高橋が言っていることも一理あります。高橋の主張をちょっと聞いてもらえませんか？」と時には大橋さんは楊さんを説き伏せる発言をしてもいいでしょう。この発言も実は高橋さんの役回りがあってこそ、効果がある発言です。

日本側は全員で高橋さんの主張に対して中国側の反応を観察します。これは次の作戦を考える上で重要な情報になります。

もし、高橋さんの強硬な反論を、中国側が少しでも聞く姿勢を示すようであれば、そこが「突破口」です。反論に反論をしていくための糸口になります。高橋さんは徹底的に主張を繰り返して、中国側のウィークポイントを突いていきます。

もし、高橋さんの強硬な反論に対して、中国側が強固な拒絶の姿勢を示すなら、高橋さんの反論はあまり有効ではないということです。別の反論のカードを使うか、すばやいカードの変更や戦略の変更が必要です。

■「もう、こんなミーティングは続けられません」と机を叩いて中座する

時にはテーブルを「ドン」と大きな音を立てて叩いて、会議室を中座するといった態度の演

出で、日本側の譲らない姿勢を示す方法もあります。もちろんその後のフォローが必要です。「申し訳ありません。今の高橋の態度はお詫びします」と前置きして、「このあたりで一度休憩としたいと思いますが、いかがでしょうか?」と大橋さんが切り出します。休憩時間です。ここで日本側の強硬な姿勢に対して考える時間を与えるのです。これもまた2人のコンビネーションです。

もちろん、机を叩く「強攻策」が必ず有効であるという保証はありません。ご注意ください。十分に作戦を考えて、その場の状況に合わせてやるべきかどうかを判断してください。

徹底的に主張する役割、それをなだめて柔軟な姿勢を示す役割、この役割分担の方法をしっかりと事前の打ち合わせをした上で、みなさんもぜひ実践で試してみてください。

【ポイント】役割分担

・「主張する役割」の人を決める、日本側の主張を徹底的に中国側に主張する。
・「主張を聞く役割」の人を決める、主張を聞く人は「主張する人をなだめる役割」も演じる。
・徹底的に主張する人の主張が通るかどうか、その有効性を観察する。
・「主張する役割」と「主張をする人をなだめる役割」のコンビネーションが大切。

7 反論に反論するテクニック〈その2〉
「公式折衝」と「非公式折衝」を使い分ける

反論に反論するときには「非公式折衝」の場を効果的に利用する

■「公式折衝」の場と「非公式折衝」の場

「公式折衝」の場とは、会議室やミーティングルームで行う「会議」のことです。テーマを決めて交渉や折衝に臨む公式な折衝の場です。インターネットを使ったテレビ会議も公式折衝の場と言えるでしょう。そこでのコメントや議論の過程が「議事録」という形で記録に残れば、すべて「公式折衝」の場です。

一方、「非公式折衝」とは、会議室やミーティングルーム以外の場で行われる話し合いです。レストラン、ホテルのロビーや空港の待合室、タクシーや送り迎えの車の中も「非公式折衝」の場です。

他にも、さまざまな場が「非公式折衝」の場になります。たとえば、エレベーターの中、廊下を歩きながら、階段の上り下り、さらに観光地を散策しながらでも、ゴルフコンペの間でも、自宅に招待されてくつろいだ席も「非公式折衝」の場です。

もちろん、その場その場の状況に応じて、話をどう切り出すかは慎重に考えるべきです。あまりにも場違いな雰囲気の中で、不用意に重要なテーマを切り出すことは避けるべきです。

■「食事の席で仕事の話は失礼」と考える日本人

「李さん（仮名）、先ほどの話の続きですが……」と、大沼さん（仮名）は食事の席で切り出しました。

「ちょっと、大沼さん、食事の席でそんな話は失礼でしょう」と上杉さん（仮名）。

「そうだよ。食べながら仕事の話をするのは中国側に失礼だ」と伊藤さん（仮名）も。

このように「食事中にビジネスの話は禁止」と言って、ケジメをつけるのが日本人です。

しかし、中国人は必ずしもそうではありません。重要な案件であれば食事の場でも、移動中の車の中でも、ゴルフのコンペ中でも、話をどんどん切り出してきます。重要な案件であるからこそ、スピーディーな折衝が必要だと考えるのです。

特に重要な「非公式折衝」の場は「食事会」です。お酒を飲んだり、料理を食べたりしながらでも、自分たちの考えをどんどんぶつけてきます。食事会でビジネス折衝や商談が行われるのはあたりまえのことなのです。

むしろ、食事の席だからこそ、重要な話を切り出すことがあります。会議室では言わなかった「落としどころ」を見せてくることがあります。お酒の席だからこそ言える「ホンネ」を出してくることもあるのです。

したがって、食事の席は「休憩時間」ではなく、むしろ「ビジネスの最前線」と考えるべきです。相手とお酒を酌み交わしながら話を進めることは、「公式折衝」では作り出せない和やかな雰囲気やざっくばらんなムードを作り出すことができます。「ホンネ」を気兼ねなく言ったり聞いたりすることができる場なのです。

■食事会の席に責任者が駆けつけてきて、その場でサイン

ミーティングで議論が難航した案件が責任者のひと言で「決着する」ということもあります。会議室でのミーティングが一段落したところへ、中国側の総経理が車で昼食に駆けつけてきて、部下からミーティングの経緯を聞き、食事の席で「最終決定」のゴーサインを出して行くということがありました。

颯爽《さっそう》と食事会の席に現れて、わずかな時間を利用してその場で部下からの報告を聞き、現状の把握と日本側の意向確認をその場で行って、その場で判断を下し、その場で日本側にその結果を伝えて颯爽と帰っていきました。

すばらしい「行動力」と「判断」、胸のすくような「決断」です。このスピード感が中国ビジネスでは大切なポイントなのです。席を立つ前には日本側に「礼」を尽くしてゲスト一人ひとりと「乾杯」して、まさに「疾風《はやて》のように現れて、疾風のように去っていく」スーパーヒーローのような総経理でした。

会議室でのミーティングだけでなく、それ以外の場を有効に活用する方法にもっと目を向けるべきだと思います。「非公式折衝」の場をうまく活用できれば、交渉や折衝の進め方にもっと幅を持たせ、有効なカードを使うチャンスをもっと探ることができるはずです。

■食事会の席で反論の反論をぶつけてみる

「ところで李さん（仮名）。先ほどのミーティングで李さんが発言したAについてですが……」

大沼さん（仮名）は食事の席でも遠慮なく切り出しました。そして、

「実は、私は李さんのAというやり方には賛成できません」と大沼さん。

このように意図的に自分の意見をぶつけてみます。

「私の意見はAではなく、Bです。その理由は、ポイントが3つあります。第一に○○○、第二に□□□、第三に△△△。どうでしょうか？」と中国側に反対する姿勢を明確にして李さんの反応を見ます。

食事の席は李さんがどう反応するかをじっくり見るためです。上杉さんや伊藤さんも李さんの様子をじっと観察します。

もし、大沼さんの反論に対して、李さんが強硬な態度を示すなら、大沼さんの反論のカードは有効ではないということです。逆に、もし、大沼さんの反論に対して「妥協案」を示してくるようであれば、そこが「突破口」になります。

「大沼さん、私の考えはAです。Bというやり方は絶対に考えられません」と李さん。

思ったより態度は強硬です。仮に李さんが日本側の主張に強硬な態度を示したら、「それはお酒の席での話」にしてしまうのです。

「まあまあ、李さんのおっしゃることもよくわかります。大沼さんは大沼さんなりの考えもあるのでしょう」と言って、上杉さんがすかさずその場をフォローします。

このように「なだめ役」の上杉さんの存在は「公式折衝」のとき以上に効果があります。

「メリハリ」と「アソビ」が「非公式折衝」の場でも活きてきます。

逆に、このような「非公式折衝」の場で、「なだめ役」の上杉さんのところへ、中国側から「妥協案」や「譲歩案」が示されることもあります。こんなコンビネーションを試してみてはいかがでしょうか。

反論に反論するテクニックをどのタイミングで試すかはその場その場の状況判断や話し出すときのタイミングが重要です。もちろん、あまりにも場違いな主張や食事会の雰囲気を壊すような発言は慎むべきでしょう。

【ポイント】「公式折衝」と「非公式折衝」をうまく使い分ける

・ホテルのロビー、空港の待合室、移動中の車など、さまざまな場が「非公式折衝」の場である。
・食事会は重要な「非公式折衝」の場である、食事会は「ビジネスの最前線」である。
・「非公式折衝」の場で反論をぶつけて、中国側の反応を観察する。
・「役割分担」と「非公式折衝」とを組み合わせて反論に反論をぶつけてみる。

8 反論に反論するテクニック〈その３〉「ポジション」を使い分ける

立場を換えた主張で反論に反論したいポイントを主張する

■「個人的な意見として言わせていただくと……」と反論してみる

３つ目の方法は、自分のポジションを意図的に使い分けて、相手の主張に対して反論する方法です。発言の前にひと言、自分の立場を宣言しておく方法です。相手に対して「言い過ぎ」や「失言」、「言い過ぎのコメント」があったとき、その発言の撤回に大きな威力を発揮します。

たとえば、強硬な姿勢を崩さない中国側に対して青木さん（仮名）がこう切り出します。

「ちょっと待ってください。私の話も聞いてください」と青木さん。

「まず、個人的な立場で話をしますが、私はその考えはおかしいと思います」

「私が主張したいポイントはAではなく、Bです。その理由は……」とかなり強硬意見。

ここで反論に反論するポイントは、あくまで「個人的な立場」で告げるという点です。

もし、ここで青木さんの主張に対して、中国側が少しでも聞く姿勢を示せば、そのポイントが議論の「突破口」です。もし、青木さんの主張に対してさらに強硬な態度を示してくるようであれば、青木さんの反論のカードは有効ではないということです。

「これはあくまでも個人的な意見です」と言って発言を撤回します。

■立場を変えた主張として反論の反論を試みる

「会社の立場で発言しますが……」

「チームの方針で言わせていただきますと……」

「これはあくまで個人的な考えですが……」

自分のポジションを意図的に使い分けて反論の主張を相手に伝えるという方法です。タイミングを見ながら、ポジションを変えて反対意見をぶつけてみるという方法です。

「会社として言わせていただくとA（強硬な反対）ですが、チームの立場で発言するとB（妥協案）です。個人的にはC（譲歩案）もあり得ると考えています」

このように複数の意見をまとめて相手に伝えるという方法もあります。どの意見に反応するか、相手の様子をじっくり観察します。

■第三者に反論の反論を言わせる

「課長の考えでは……」

「チームリーダーの意見なのですが……」

「弊社の社長の意向として聞いていただきたいのですが……」

その場にいない第三者に反対意見を言わせるという方法です。強硬な意見を第三者の意見として相手にぶつけてみるのです。若干良心の呵責《かしゃく》（？）もありますが、突破口を見出すためには背に腹は変えられません。もちろん嘘をつく必要はありません。あくまでも第三者に意見を代弁させるわけです。

「部長がかなり強硬な態度です。Ａでないと今回の契約の全面見直しも辞さないと言っています」

部長の意向としてまずは反対意見をぶつけて、もし、相手が過敏な拒否反応を示すなら、「わかりました。私が何とか部長を説得してみましょう」と事態の収拾に舵を切り替えます。

■反論の反論を客観的な立場から伝える

「客観的な意見として聞いていただきたいのですが……」

「この意見は専門家の見解ですが……」

「マスコミの報道では……」


これは客観的な立場を利用して反論に反論する方法です。発言する人の権威や数値的なデータの裏づけがあるとより効果的です。


「現在の経済情勢を考えれば、中国側のAという主張は到底受け入れられません」

「マスコミの報道や新聞の社説では明らかにBです。中国側の考え方と矛盾しています」

「有力な経営者や経済人の考え方では、Cという意見が一般的です」

「テレビのコメンテーターやニュース解説者の話では、Dという見解が大勢です」


しかし、この場合は「日本では……」「日本企業では……」「日本人なら……」「日本の常識では……」というように、日本と中国に比較の対象軸を置くことは避けるべきです。些細なきっかけから対立に油を注ぐことにもなりかねません。中国人のナショナリズムに火を着けてしまうことにもなりかねないからです。

「世間では……」「一般的に……」「常識的に考えると……」という切り口も避けるべきです。

日本人の考え方や日本の常識がそのまま通用するわけではありません。

むしろ、「日本の常識は世界の非常識である」点も少なくなく、中国ではそのまま通用しないこともたくさんあるからです。

反論に反論するときには、その場その場の状況判断や切り出すときのタイミングが大切です。

また、効果の見極めと撤回のタイミングも重要なポイントです。慎重に作戦を練って効果的にカードの切り方を考えてみてください。くれぐれもやりすぎにはご注意を……。


【ポイント】ポジションを変えた主張で反論する
・「個人的な立場として言わせていただきますが……」と前置きした主張として反論する。
・会社の役職、ポジションが違う第三者に言わせる主張として反論する。
・客観的な主張、発言者の権威や数字的な裏づけを借りた主張として反論する。
・反論の効果の見極めと撤回のタイミングにも注意。

9 反論に反論するテクニック〈その4〉
「仮定」として反論する
反論に反論したいポイントを「たとえば、の話」として主張する

■「これは仮定の話ですが……」と前置きして反論したいポイントを主張する

「これは仮定の話として聞いていただきたいのですが……」

「仮説の意見としてお話したいのですが……」

「たとえば、の話ですが……」

このように「仮定の話」として前置きしてから、反論したいポイントを主張する方法です。主張するポイントがあくまでも仮定の話であることを強調します。仮定の話として相手に主張をぶつけてみて、相手の反応を見ます。

もし、ここで日本側の反論に対して中国側が耳を傾けるようであれば、そこが反論に反論する「突破口」になります。それを糸口にさらに主張を強めていきます。もし、ここで日本側の

反論に対して中国側がさらに強硬な反論をしてくるようであれば、日本側の反論ポイントは有効ではないということです。

あくまでも「仮定の話」として、すばやく発言を撤回して別の反論ポイントを探るのもよいでしょう。

■「仮定の話」として反論する反論の主張のバリエーション

「もし、私の意見に賛同していただけると、蘇さん（仮名）にとってはメリットA、メリットB、メリットC、こんなにプラスがあります」

「しかし、日本側の意見に賛同していただけないと、蘇さんにとってデメリットA、デメリットB、デメリットCというマイナスの結果を招きます」

この2つは「メリ・デメ法」を組み合わせて反論に反論をする方法です。相手にとってのメリットやデメリットを徹底的に主張する方法です。

「もし、私の意見に賛同していただけないのなら、たとえば、選択肢A、選択肢B、選択肢Cという別の選択肢もあります。蘇さん、いかがでしょうか」

これは「三択法」を組み合わせて反論に反論する方法です。

「もし、選択肢Aを受け入れるならば、メリットA1、メリットA2、メリットA3があります」

「もし、選択肢Bを受け入れるのなら、メリットB1、メリットB2、メリットB3です」

「しかし、あくまで中国側の主張に固執するのなら、Dという最悪の事態を招く結果になります」

これは「三択法」と「メリ・デメ法」を組み合わせて反論する方法です。反論に反論するときには、その場その場の状況判断や切り出すときのタイミングが大切です。ぜひ、さまざまな方法を駆使して反論に反論を試みてください。同時に、効果の見極めと撤回のタイミングも重要なポイントです。慎重に作戦を練って効果的なカードの切り方を考えてみてください。

■交渉に行き詰まったら「ウェザーチェック」を

反論に反論すると、さらに強硬な態度でそのまた反論が返ってくることがあります。反論に反論する主張のポイントを読み違えたり、反論するタイミングを間違えると、反論への反論が返ってきます。もし、議論が行き詰まったら、「ウェザーチェック」の時間を取ります。

逆に、反論に対する反論がヒットし、相手からうまく「妥協案」や「譲歩案」が引き出せそうな場面でも、「ウェザーチェック」は有効です。これはあともう一歩、詰めの一手を考える作戦タイムの時間です。同時に中国側にも「妥協案」や「譲歩案」を考える時間を与えます。

「ちょっと外の天気をチェックしてきます」と柴田さん（仮名）。直訳すると、「我要去看一看外面的天気」ですが、中国語でこういう言い方は一般的ではありません。休憩を提案するときは「我們休息一下吧」（ちょっと休憩しましょう）です。

あるいは「コーヒーブレイク」「タバコタイム」「トイレ休憩」など表現はさまざま。青空を仰いでタバコを一服すると、何かよいアイデアが浮かぶかもしれません。タバコを吸う空間と時間は、中国人と担当者がコミュニケーションを図る絶好の機会です。

会議室だけが折衝の場でありません。青空の下もビジネスの最前線（非公式折衝の場）なのです。

【ポイント】「仮定の話」と前置きして反論したいポイントを主張する

・「仮定の話」と「メリ・デメ法」や「三択法」を組み合わせて反論したいポイントを主張する。
・使う場面の状況判断や切り出すときのタイミングに注意して反論したいポイントを主張する。
・効果の見極めと撤回のタイミングに注意して反論に反論するテクニックを使う。
・議論が行き詰まったら「ウェザーチェック」を使う。

【コラム②】

謝罪を敗北と考える中国人／交渉相手の見極めは慎重に

そのミーティングは異様な重苦しさで始まりました。中国側のトラブル処理に向かった上海でのビジネス折衝です。日本側は責任追及ではなく善後策を検討するための訪中。しかし、中国側はそうは考えていないようでした。

中国側窓口のプロジェクトマネジャー郭氏（仮名）は日本留学の経験もあり、日本との連絡を一任されています。彼はこわばった表情でトラブルの責任が中国側にないことを主張してきました。どうやら郭氏は日本側が自分を切りに乗り込んできたと思っているようでした。

確かに彼はこのプロジェクトで再三問題を起こしていました。情報をひとりで抱え込む傾向があり、加えて「うまくいったら自分の成績。トラブルが起これば日本側の責任」という姿勢で、都合のよい情報だけを上に伝えているような節がありました。上層部は現場の状況を把握しきれていないようです。

状況を察して、その日の会議は昼までで打ち切り。私は中国側には食事会を提案し、郭氏の直属の上司である楊女史（仮名）には1時間ほど早めにレストランに来て欲しいと直接メッセージを伝えました。

現場の状況を改めて確認すると、郭氏がひとりで仕事を抱え込み、それがトラブルの原因になっていたことがわかってきました。そうした詳細を報告すると彼女はすべてを察して、今後は自分が直接窓口になることを申し出て、プロジェクトは改めて仕切り直しということになりました。

交渉相手の見極めが必要という事例。善後策を講じる対象が「人」であるケースもあるのです。(-_-#)

第3章

Round3
攻防のテクニック

1 注意すべき4枚の中国的交渉カード〈その1〉

ダメ元・ゴネ得の主張

できないことははっきり「ノー」と意思表示すべき

■【事例】ダメ元・ゴネ得の主張

「日本側に最新型の検査機器の無償供与を要求します」

ミーティングの冒頭、中国側がいきなりこんな要求を突きつけてきました。

「5年償却のリース方式でも結構です。いかがでしょうか。〝最新型〟をお願いします」

主張すべきことを遠慮なく主張するのが中国人です。「最新型」に強いこだわりがあるようです。

「帰国後、改めて回答します」と担当者はその場での即答を避け、案件を持ち帰りました。

無償で供与すべきかどうかで会議は紛糾しました。ある意味で信頼関係の構築の礎にするにはいいチャンスです。中国市場の重要性を考慮して、社内には積極推進派もいます。しかし、機械のコスト負担よりも技術者の育成やメンテナンス面に議論が集中しました。中国側がより多くの要求をしてくるだろうとの予測です。

その結果、結論は「無償供与は一時見送り」となりました。

理由は、仮に無償で供与しても人材の育成や供与後の運用コストを考えると中国側の負担が大きすぎることです。中国側の反発に配慮して、技術者の育成プログラムを提供することを代案に、部長級の責任者を中国に派遣して事態の説明に当たらせることにしました。

再び会議の席上。

「たいへん申し訳ありませんが、日本側でいろいろ検討を重ねた結果……」と柿崎部長（仮名）は切り出し、

「今回の申し入れはお断りさせていただきます」と苦渋の結論を中国側に告げます。

「その理由は……」と柿崎部長が詳しい説明を続けようとすると、

「そうですか。わかりました。それじゃ、原価償却が終わった中古の機器を提供してもらえませんか？　輸送費は日本側で負担してもらえると助かります」と中国側はあっさり別の要求を切り出してきました。

柿崎部長はこのミーティング前日は眠れなかったそうです。今後の友好関係を左右する大任を託され、考えに考え抜いた「結論」と「代案」を準備してミーティングに臨んだわけです。

しかし、中国側は最初の要求には強いこだわりを見せず、すぐにまた別の要求を突きつけてきました。

■研修プログラムで「富士山」へ行きたい？

「最新型の検査機器を無償供与してほしい」

「減価償却が終わった中古の機器を日本側のコスト負担で提供して欲しい」

これらは典型的な「ダメ元」の主張、「ゴネ得」の主張です。

実は、中国側はこの主張が本当に通るとは思っていないのかもしれません。「とりあえず言ってみる」「言うだけ言ってみて日本側の反応を見る」といった感覚で突きつけてくる主張です。

「ダメで元々」「ゴネたら得する」という気持ちが背景にあります。無理な要求や思いつきの要求、時には法外な要求を突きつける。これが「ダメ元」「ゴネ得」の主張の特徴です。

一方、日本側はこうした中国側の主張を重く受け止めてしまいます。持ち帰って検討し、知恵を絞って徹底的に協議し、苦渋の選択で結論を導き出し、相手に配慮して「申し訳ありませんが……」と結論を告げるのです。柿崎部長のケースも同じでした。

苦渋の結論を告げられた中国側は「そうですか。では、別の要求を……」とさっぱりしています。ダメで元々だからです。こうした気持ちの切り替えは中国人の得意技かもしれません。

実はこの後も、このような「ダメ元」「ゴネ得」の主張が中国側から柿崎部長に次々と突きつけられました。


「最新型検査機器のオペレーションを指導して欲しい」

「技術者育成のカリキュラム提供、指導者の派遣をお願いしたい」

「マネジャー級のエンジニアを日本で研修させたい。研修費用を日本側で負担して欲しい」

「日本研修には地方政府の高官を視察に送りたい。受け入れ体制を準備して欲しい」

「視察プログラムに〝温泉〟を入れて欲しい。〝富士山〟にも行きたい」


このように中国側の要求はエスカレートしていきます。ほとんどが「ダメ元」「ゴネ得」の主張と考えてもよいでしょう。信じられないかもしれませんが、実際にあった話です。

■「ダメ元」「ゴネ得」の主張への対応策

こうした「ダメ元」「ゴネ得」の主張への対応策は、まずそれを「察知する」ことです。「これはダメ元の主張だな」「ゴネ得の主張を言ってきたぞ」とまず気づくことが大切なのです。

中国人は4枚の「中国的交渉カード」を使い分けて相手に突きつけてくる

「気づくこと→感情的になって反論しない→冷静に〝論点〟を再確認する」、これが基本姿勢です。そして、できないことははっきり「ノー」と答えること。これが最善の対応策です。

曖昧な言い方をしない、できないことは遠慮なく「ノー」と言う、「イエス」は「イエス」と言う、「ノー」は「ノー」とはっきり伝える。これが中国人とのコミュニケーションの基本です。

さらにあらかじめ「譲れること」を徹底的に考え出し、できるだけ多くの「代案」を準備するとよいでしょう。「譲れること」「譲ってしまってもよいこと」を徹底的に洗い出して準備しておきます（詳しくは第4章を参照）。

日本人は真面目（？）なので、相手の主張を真剣に受け止めてしまいます。「断っていいものだろうか」「相手に失礼じゃないか」「断らずにすむ方法はないか」などと、真剣に考えてしまう傾向があります。仮に、「断る」と決めた場合でも、「どうやって断ろうか」「相手に配慮した断り方はないか」「断った後、両者の関係に亀裂が入らないか」と、真剣に考え込んでしまいます。

しかし、「できないこと」は「できない」とはっきり言うべきです。はっきり断っても、あまり気にせず、気持ちの切り換えが早いのが中国人の特徴です。「できないこと」をどう断るかで悩むよりも、「できること」で最善を尽くすべきです。「ノー」は「ノー」でいいのです。

【ポイント】「ダメ元」・「ゴネ得」の主張

・「ダメで元々」「ゴネたら得する」という無理な要求や思い付きの要求を突きつけてくる。
・実は中国側も「ダメ元」「ゴネ得」の主張が本当に通るとは思っていない。
・できないことははっきり「ノー」と答える。「ノー」は「ノー」とはっきり告げることが大切。
・はっきり断っても、気にせずに気持ちの切り換えが早いのが中国人の特徴。

注意すべき4枚の中国的交渉カード〈その2〉

2 議論の蒸し返し

議論の「蒸し返し」への対応策は徹底的な「論点確認」と「議事録」を残すこと

■現状に即した対応策をどんどん見直すべきと考える中国人

「一度決着がついているはずのテーマを再び持ち出してくる」
「話を振り出しに戻し、何度も同じ話を持ち出して議論を繰り返す」
「かなり以前にまで時間を遡って、前任者が決めたことを再検討したいと言い出す」

これが中国人の使う議論の「蒸し返し」です。みなさんの中にも心当たりのある方がいらっしゃるのではないでしょうか？　私自身、これまで幾度となく、理不尽な「蒸し返し」のカードに悩まされてきました。

「担当者が代われば見直しを行って当然」
「過去に決めたことは過去のこと、現状に即した対応策をどんどん見直すべき」

「ビジネス環境が変われば、現場のビジネスも現実に即したよりよい方向へ見直しを行うべき」こう考えるのが中国人の「自分流」です。悪意のないことかもしれませんが、日本側はその都度振り回されてしまいます。時には「蒸し返し」のカードを意図的に使って無理な要求を訴えてくることもあります。中国では主張することが評価される文化なのです。

しかし、百歩譲って彼らの考え方を尊重したとしても、過去の経緯を無視して主張を繰り返す態度や教訓を活かさず同じ失敗を繰り返す姿勢は、もう少し改善を望みたいところです。

■議論の「蒸し返し」への有効な対応策は「論点確認」

「蒸し返し」のカードの対応策は、まずそれを「察知する」ことです。「中国側が〝蒸し返し〟のカードを使ってきたぞ」とまずは気づくことが大切なのです。つまり、「気づくこと↓感情的になって反論しない↓冷静に〝論点〟を再確認する」、これが大切なポイントです。

「このミーティングで議論すべきポイントは〇〇〇についてです」

「江さん（仮名）、ちょっと待ってください。その点はすでに議論がすんでいます」

このように話し合いのポイントがブレないように、論点を確認しながら議論を進めることが重要です。中国側の「蒸し返し」を察知したら、すぐに議論すべき論点確認を行ってください。

相手が「蒸し返し」のカードを使ってきたら、まずは、

「この時間はまず◇◇◇について議論したいと思います」

「これから議論するポイントはまず□□□について、次に〇〇〇についてでよろしいですね」

ミーティングの冒頭で、またはミーティングの最中に、私はこのように「いま議論すべきポイント」を確認するようにしています。論点を明確にして議論を進めるためです。同時に、これは議論の「蒸し返し」を封じる対策でもあります。

時にはホワイトボードの隅に、「いま議論すべきポイント」を大きく書き出して議論を進めます。中国側に今議論すべき論点を知らせるためのサインです。

■「蒸し返し」カードを封じ込めるためには「議事録」が重要

中国側とのミーティングでは「議事録」を残すことが鉄則です。

私の場合、些細なことでもメモを取って記録に残すようにしています。議事の要点や相手の発言などを箇条書きでメモを取り、ミーティングが終わったら相手にコピーを渡します。

重要なポイントは相手にもその内容を確認してもらい、双方でサインをして記録として残します。このミーティング記録が後で大きな効果を発揮することがあります。議論の「蒸し返

し」を封じ込めるには最も有効な方法です。

また、ミーティングではできるだけホワイトボードを使うようにしています。まず、最初に議論すべきポイントをホワイトボードの右端に書き出します。そして、双方の発言や議論の経緯を書き記していきます。ミーティング後、このホワイトボードをデジカメで撮影します。

これをプリントアウトして内容を確認し、双方でサインをして記録として持ち帰ります。このホワイトボードメモも、議論の「蒸し返し」を封じ込めるために有効な方法の1つです。

こうしたミーティングメモはできるだけたくさん残すべきです。このミーティングメモが「議事録」の基本となり、「議事録」の積み重ねが「契約書」へとつながります。ミーティングメモは「契約書」に記載事項を整理するための基本資料となるのです（詳しくは第6章参照）。

■中国側の担当者間では「引き継ぎ」がないと心得ておくべき

「蒸し返し」は故意で行われるケースと不注意で起きるケースとがあります。

交渉のカードとして確信犯的に議論の「蒸し返し」を使ってくるケースがあります。これは故意に行われるケースです。議論すべきポイントを確認すること、ミーティングの記録を残すことが対応策です。

一方、習慣的にミーティングのメモを取らない、議事録を残さないなど、わざとそうしているわけではないケースもあります。故意に行われるわけではないケースです。

しかし、中国ビジネスではこうしたことがしばしば起こります。「論点確認」はみなさんのほうから積極的に行うべきです。

たとえば、「議事録」がなく、別の担当者が前回の打ち合わせ内容を知らずにミーティングに参加してくるケース。たとえば、中国側の担当者が変わり、担当者間の業務の引き継ぎがなく、新しい担当者が過去の経緯を知らずにミーティングに参加してくるケース。いずれも故意による「蒸し返し」のケースではありませんが、よくあるケースです。

日本の場合、担当者間で引き継ぎを行うのはあたりまえと考えますが、中国では前任者から引き継ぎがないことが多く、これは日本側のほうで注意したいポイントの1つです。

【ポイント】「蒸し返し」の封じ込め策

- 「議事録」「発言録」「ミーティングでのメモ」などの記録にサインをして双方で残す。
- ミーティング後、ホワイトボードをデジカメで撮影、プリントアウトして記録として残す。
- ミーティングメモが「議事録」の基本となり、「議事録」の積み重ねが「契約書」へつながる。
- 担当者が交代したときの「引き継ぎ」に要注意。

3 注意すべき4枚の中国的交渉カード〈その3〉交換条件

「切り札」と「見せ札」と「捨て札」、３種類のカードを効果的に使いこなす

■中国側の主張を受け入れると同時に「切り札」の要求を通す

中国ビジネスで「交換条件」は上手に使うべき交渉カードです。このカードを上手に使うための３つのパターンを紹介します。

一つ目は、中国側の主張を受け入れ、日本側の主張を通す形です。受け入れるという条件で日本側の要求を通したり、要求を通すという条件で中国側が受け入れたり、お互いの主張を相互に受け入れて、要求を「相殺」するケースです。

「日本側の要求は〝納期〟です。１月31日厳守をお約束いただきたい。もし、それが可能なら、中国側の要求である１カ月前に代金の30％送金は約束しましょう」

「中国側の要求である技術者の日本研修を承諾しましょう。しかし、その代わり日本側から語

学研修生を中国に派遣したいと思います。御社での実習と語学学校のアレンジをお願いします」

ここで中国側に主張すべき強い要求が「切り札」です。

■日本側の主張を通すために「見せ札」のカードを効果的に使う

二つ目は、複数の要求を中国側に主張して、優先順位が低い要求から取り下げていくという形です。要求Aを通すために要求Bと要求Cは譲歩する形です。

「日本側の要求は1月31日の納期厳守、出荷時の全品検査、不良代替品の準備、以上の3つがポイントです」とまず明確に主張すべき要求を中国側に伝えます。

そして、最終的にどの要求を主張し通すか、相手の出方を見ながら、要求のカードを取り下げます。つまり、要求Bと要求Cは、要求Aを通すための「見せ札」です。

「見せ札」とは、希望は出すが優先順位が低い要求です。実は通らなくても仕方ない要求です。これをできるだけたくさん考えて準備をしておきます。「切り札」（本当に受け入れて欲しい要求）に「見せ札」を混ぜて、交渉の最初の段階で日本側の主張を中国側に徹底的にぶつけます。

つまり、「1月31日の納期厳守」を通すために、「出荷時の全品検査」と「不良代替品の準備」について、どのタイミングでどの程度妥協するかが交渉を進めるポイントになります。

■中国側の主張をかわすために「捨て札」のカードを効果的に使う

「捨て札」とは、日本側が「譲れるポイント」です。中国側に譲っても問題ないポイント、むしろ譲ってしまったほうがよいポイントです。これを思いつくだけできるだけたくさん探し出して準備をしておきます。

三つ目は、中国側の主張をかわすために譲れるポイントを徹底的に主張する形です。

「中国側の要求である技術者の日本研修は承諾できません。しかし、３日間程度の工場視察なら受け入れましょう。３人以内なら費用をこちらで負担する準備もあります。地方政府の関係者を同行視察させてはどうでしょうか？　よろしければ総経理のご家族もご一緒に」

「技術者の日本研修、１カ月間、全額日本側の費用負担」という要求を回避するために、「地方政府関係者の招聘、総経理の家族の来日費用負担、富士山観光」といった日本側で準備可能なカード（譲れるポイント）を予め準備しておく方法です。

「譲れるカード」をできるだけたくさん探し出して準備しておき、カードの数が多ければ多いほど交渉を有利に進めることができます。これは私自身が実践から学んできた交渉の進め方のテクニックです。

■「交換条件」には「交換条件」の逆提案で応じる

ここでも大切なポイントは、まず中国側のカードを「察知」することです。「交換条件を使ってきたな」と中国側のカードに気づくことです。「気づくこと→感情的になって反論しない→冷静に〝論点〟を再確認する」が議論を進めていく上での大切なポイントです。

そして、「交換条件」のカードを察知したら、逆交換条件で応じてみてください。

ここでも譲れるポイントのカードを「交換条件」用のカードとして使います。

「譲れるポイント」のカードは交渉を進めていく上で極めて重要なカードです。相手の要求をかわしたり、無理難題を振り切ったり、時には行き詰まった交渉を打開するために使ったり、1枚でも多くのカードを準備しておくことが交渉を有利に進める秘訣（コツ）です。

「結果を勝ち取るための交渉」が交渉の目的です。中国では交渉において駆け引きはあたりまえのことです。

しかし、相手を欺いたり、騙したり、罠にはめたりなど、ずる賢い駆け引きのためにカードを使うのではなく、双方にとってよりよい結果を見つけ出す交渉を行うために使うのが「交換条件」のカードです。

「攻撃は最大の防御である」。「交換条件」には「交換条件」の逆提案で応じることをぜひ実践してみてください。つまり、相手が「交換条件」を突きつけてきたら、こちらは「見せ札」や「捨て札」を切る絶好の機会なのです。

この項のタイトルを「注意すべき４枚の中国的交渉カード」と名づけました。しかし、正確には「有効に使うべき４枚の中国的交渉カード」かもしれません。日本側も「中国的交渉カード」を積極的かつ有効に使っていくべきなのです。

【ポイント】「交換条件」のカードの切り方

・中国側の主張を受け入れると同時に「切り札」の要求を通す。
・日本側の主張を通すために「見せ札」のカードを効果的に使う。
・中国側の主張をかわすために「捨て札」のカードを効果的に使う。
・「交換条件」には「交換条件」の逆提案で応じる。

4

注意すべき4枚の中国的交渉カード〈その4〉
論点の「すり替え」

論点のすり替えを察知して冷静な態度で論点を戻す

■論点の「すり替え」には要注意

議論の途中で議論するべきポイントを切り替えてくるのが論点の「すり替え」です。意図的に急に話題を切り替えてきたり、1つひとつ計画的に論点を切り替えて詰め将棋のように議論を進めてきたり、時には、何の意図もなく、ただ無雑作に論点をすり替えてきて議論を迷走させたりと、さまざまなケースがあります。

時には、議論の形勢が不利な状況で、故意に論点をすり替えてきたりすることもあります。

議論すべきポイントをしっかり見極めておかないと中国側に振り回され、論点が迷走したり、議論が暴走してしまうことがあるので要注意です。

「ちょっと待ってください。いま議論すべきポイントをここで確認しましょう」

私はいつでも遠慮なく中国側にこう声をかけます。遠慮をしてはいけない「ひと言」です。

■論点がすり替わる議論の迷走

議論すべきポイントが途中で次々にすり替わるのが論点の迷走です。意図的なすり替えであっても、無意識なすり替えであっても、論点の迷走は注意しなければなりません。出口が見えない議論になることがあります。

たとえば、ミーティングで中国側に「品質」についてのトラブルを指摘するとします。「品質」に関する問題点を追究すると、原因は「コスト」であると反論が返ってきます。論点を「コスト」に絞って説明を要求すると、今度は「納期」の問題にポイントをすり替えて反論をしてきます。「納期」の問題点について指摘すると、「日本側の過剰な〝品質〟に対する要求が原因である」と反論が返ってきます。

「品質」を維持するには「コスト」がかかります。「コスト」を抑えるために代替部品を探すための時間が必要となり、「納期」が遅れます。代替部品で「コスト」を下げると「品質」にも影響が及びます。

確かにこれらはすべて連動している問題です。しかし、軸足が定まらないまま議論が進むと論点が次々とすり替わり出口が見えない議論になることがあります。中国企業とのミーティングではよくあるパターンです。私は何度となく経験してきました。

議論すべきポイントの優先順位は何なのか、いま何を議論すべきなのか、論点をしっかり確認しながらミーティングを進めることが必要です。

「ちょっと待ってください。いま、議論すべきポイントをここで確認しましょう」

私が遠慮なく中国側に声をかける「ひと言」です。

■「責任転嫁」という論点のすり替え

ミスを犯した中国人の責任を追及すると、たいていは「言い訳」を返してきます。「ああ言えばこう言う、こう言えばああ言う」。残念ながら中国人は「言い訳」の天才です。自分の「非」を認めて謝罪することは、自分のすべてを否定することに値すると考えます。簡単には謝らないのが中国人です。

たとえば、工場で働いているワーカーに作業の遅れを指摘します。するとワーカーは「工場の工具が原因である」と反論してきます。「工具の問題ではない」と注意すると、今度は「ラインの配置が問題だ」と反論してきます。ラインの配置から工場の設備へ、工場の設備から給与水準の問題へ、工場長の責任から総経理の経営責任へ次々と話が及んでいきます。

これは「責任転嫁」という論点の「すり替え」です。

たとえば、取引先の納品の遅れにクレームをつけると、原材料の入庫遅れ、電力不足による操業時間の制限、ワーカーの労働争議、台風による船積みの遅れなど、次々と論点を「すり替え」て言い訳が続きます。

本来は「遅れた納品のトラブルにどう対処すべきか」という前向きな回答が欲しいところです。しかし、論点をすり替えては責任転嫁の説明に終始し、これでは対策はおろか説明責任すら果たしたことにはなりません。結果的に責任追及、犯人探し、執拗な謝罪の要求へとなっていき、何の解決策も見出せない議論になっていきます。

「ちょっと待ってください。いま、議論すべきポイントをここで確認しましょう」

覚えておいていただきたい「ひと言」です。

■日本側のウィークポイントを突いてくる

議論をしていて形勢が不利になると、意図的に論点をすり替えてくることがあります。相手のウィークポイントを見つけ出して話題をすり替えるのです。

ソフト開発のバグを人手不足の問題へ、開発の遅れを発注元の仕様書の責任へ、納品の遅れを天候の責任へ、会社の責任を法律制度の問題へ、ビジネスのトラブルを中国経済の構造的問題へ、経済問題を政治の話へ、政治の話から領土問題へ。このような論点のすり替えにも要注意です。

繰り返しますが、大切なポイントはまず中国側のカードを「察知」することです。「論点のすり替えカードを使ってきたな」と中国側のカードに気づくことです。「気づくこと→感情的になって反論しない→冷静に〝論点〟を再確認する」、議論を進めていく上での大切なポイントです。

そして、ぜひこの「ひと言」を使ってみてください。

「ちょっと待ってください。いま議論すべきポイントをここで確認しましょう」

【ポイント】論点の「すり替え」に要注意

・軸足が定まらず論点がすり替わる議論の迷走に注意する。
・「責任転嫁」という論点の「すり替え」に注意する。
・形勢不利からの意図的な論点の「すり替え」に注意する。
・「ちょっと待ってください。ここで議論すべきポイントを確認しましょう」のひと言を使う。

5 注意すべき4枚の中国的交渉カード〈その5〉 4枚のカードの複合技

対策は、「気づく→反論しない→冷静に〝論点〟を再確認」

■何十通りもあるカードの組み合わせ

ここでも大切なポイントは、まず中国側のカードを「察知」することです。「これは蒸し返しだな」「次は交換条件を使ってきた」「今度はダメ元・ゴネ得だ」と中国側のカードに気づくことが重要です。

まずは気づくこと、次に反論しないこと、そして冷静に「論点」を再確認すること、最後は「ちょっと待ってください。ここで議論すべきポイントを確認しましょう」のひと言です。

中国側はこの４枚のカードを組み合わせて使ってくることがあります。中国的交渉カードの「複合技」です。つまり、注意すべきカードは４枚ですが、彼らのカードの切り方はその組み合わせによって何十通りもあるわけです。

■【事例】「部品コンポーネンツのＯＥＭ調達」

日本企業Ａ社は自社製品の部品コンポーネンツを中国で委託生産している。これまでＯＥＭ生産に実績のある台湾企業Ｂ社と取引を行ってきたが、Ｂ社から独立した中国企業Ｃ社との取引を検討している。Ｃ社の窓口は中国人の劉氏（仮名）である。彼はＢ社で専門技術と生産管理を徹底的に学んだ後、２年前に独立してＣ社を設立した。地元の地方政府や銀行のバックアップを受けて、これまで順調に業績を伸ばしてきた。従業員数はすでにＢ社と肩を並べるほどになっている。今後、工場を拡大してビジネスを一気に広げたい意向だ。

トライアルオーダーを繰り返し、これから本格的な取引を始めようという矢先、トラブルが発生した。Ｃ社劉氏の代理人である孫氏（仮名）から連絡が入り、納期について相談させて欲しいという。これからＣ社とのビジネス折衝が始まる。

中国側「１月31日の納品が間に合わなくなりました。日本側の指定部品の工場でストライキがあり、出荷が遅れていることが原因です。指定部品ではなく代替部品で対応したいと思いますが、よろしいでしょうか？」※①

日本側「納期の遅れは困ります。代替部品は品質さえよければ直ちに即反対というわけではありませんが、品質への影響を考えると、積極的に賛成と申し上げるわけにはいきません」※②

中国側「代替部品はすぐに調達が可能です。これから手配すればぎりぎり納期に間に合わせることができます。品質はこちらでチェック済みです。問題ありません」※③

日本側「仮に代替部品に切り替える場合でも、開発センターでサンプル品の品質チェックと初期ロットの全品検査が条件になります。しかし、私の一存では決められません」※④

中国側「この時期はちょうど春節（旧正月）と重なります。コストを負担していただければ、指定部品を待って春節休暇の前に休日出勤で生産体制を作ることができます」※⑤

日本側「コストアップはちょっと……。何とか契約を遵守していただきたいのですが」※⑥

中国側「そもそも日本側の要求は過剰品質です。代替部品の品質チェックもこちらにお任せいただければ、すぐに生産体制に入れます。いかがですか？」※⑦

日本側「何度もご説明しているように、指定部品で進めていただかないと困ります」

中国側「では、指定部品が調達できるまでのつなぎとして、代替部品を使ってはどうでしょうか？　春節前に量産体制に入ることができます」※⑧

日本側「代替部品の使用はまず日本側での品質チェックが先です。すぐに許可はできません」

中国側「では、納期に間に合わせるための生産コストはこちらで負担しましょう。その代わり最新型の検査機器を御社からご提供いただけませんでしょうか?」※⑨

日本側「早急に出荷検査の体制を整えるためにはやむを得ないかもしれませんが、私の一存では回答しかねます。至急検討して後日ご連絡いたします」※⑩

中国側「それから品質管理の専門家の派遣とエンジニアの日本研修もご検討いただけないでしょうか? 今後、提携関係を強化していくためにも有効じゃないかと思います」※⑪

日本側「……」

中国側「日本研修には市政府の招商局主任を同行させたいと思います。彼は次期副市長の呼び声の高いキーパーソンです」※⑫

■【解説】

ここに挙げた事例は中国的交渉カードのイメージをつかんでいただくために2人のやりとりをコンパクトにまとめたものです。※印の①~⑩のポイントについて、1つひとつ解説を加えていきましょう。

※①中国側は、まず納品の遅れは「指定部品の下請け工場のストライキが原因」と述べています。自分たちの主張優先の姿勢です。日本企業なら、まず納品の遅れに対して「今回はご迷惑をおかけして申し訳ありません」という姿勢を示すところでしょう。

※②「反対というわけではありませんが……」「積極的に賛成と申し上げるわけにはいきません」とは歯切れの悪い言い方です。「納期の遅れは認められません」「契約は厳守してください」という厳しい姿勢も時には必要でしょう。

※③中国側は論点を「代替部品」に絞ってきています。「問題ありません」は注意ポイント。「問題ない」を連発する中国人は絶対に「問題あり」です。

※④「私の一存では決められません」は禁止フレーズ。中国人は「決定権」を持たされていない相手とは交渉しないのが基本姿勢です。

※⑤ここで論点を「コスト」にすり替えています。「ワーカーのコスト負担」という交換条件で日本側から有利な譲歩案を引き出そうとしています。

※⑥「イエス」は「イエス」と言う、「ノー」は「ノー」と明確に伝える。中国ビジネスの基本です。日本側の曖昧な表現が気になります。

※⑦論点を「品質」にすり替え、中国側は「すぐに生産体制に入る」ためには「品質チェックもこちらに任せてほしい」という日本側からの譲歩を引き出そうとしています。

※⑧「つなぎとして代替部品」の提案。中国側は「量産体制に入る」ことを次の要求のカードにしたい様子です。

※⑨テーマをまた「コスト」にすり替え、交換条件を提示。日本側がこだわる「日本側による品質チェック」に対して、「ワーカーのコスト負担」を条件に「最新型検査機器の無償供与」を要求しています。これはダメ元・ゴネ得の主張です。

※⑩中国側は日本側の反応を見て、ダメ元・ゴネ得の実現の可能性をチェックします。「やむを得ないかもしれません」という言葉で中国側の主張がどのくらい受け入れ、実現の可能性があるかを模索。日本側はできないことは「ノー」は「ノー」とはっきり中国側に伝えたいところです。

※⑪テーマを「検査機器」から「専門家の派遣」と「日本研修」にすり替え、要求をエスカレートさせています。

※⑫中国側はたびたび論点のすり替えを行って、交渉をリードしていきます。「副市長の日本視察」は典型的なダメ元・ゴネ得の主張でしょう。恐らく、この後も「家族を同行させたい」とか、「ディズニーランドに行きたい」と要求がエスカレートしていくでしょう。

第4章

交渉の事前準備

1 交渉は事前準備ですべてが決まる

個人の経験に頼る交渉ではなく、チーム全員で取り組む交渉を目指す

■あまりにも「無防備」な日本側の交渉に臨む姿勢

みなさんは中国人とのビジネス折衝や交渉に臨む前に、事前準備にどのくらいの時間を割くでしょうか？

「まずは相手の話を聞いてみなければ、こちらの対応策も考えようがない」

「とにかく〝誠心誠意〟、こちらの気持ちをしっかり伝えれば、相手もわかってくれるはずだ」

「とにかくぶつかってみる」

このように、事前準備を十分にしないまま交渉に臨むケースがあまりにも多いことに驚かされます。中には事前にどんな準備をしておくべきか、問題意識も希薄なままミーティングを行っているケースもあるようです。しかし、交渉の事前準備は重要です。「交渉は事前準備です

べてが決まる」と言っても過言ではありません。

また、日本企業が交渉に臨むとき、その交渉が担当者個人の経験やノウハウに委ねられているケースがたいへん多いことも特徴の1つです。中国通の担当者がいて、その人が持っている個人的な経験やノウハウがビジネス折衝や交渉の成否を左右するのです。つまり、中国通のタフなネゴシエイターがいる会社は成功し、そうでない会社はうまくいかないのです。

もちろん、中国ビジネスに関して、異文化理解に長けていることは交渉を成功に導く重要な要素です。中国人の価値観や考え方、会社に対する就業意識、仕事に取り組む姿勢を理解することは中国ビジネスを進める上で理解しておきたいポイントです。

しかし、ビジネスでは、個人の経験やノウハウに頼るのではなく、チーム全員で取り組む交渉を目指すべきです。全員で交渉の目標と交渉に取り組む姿勢を共有し、結果を勝ち取るための交渉に臨むべきです。

■事前準備で検討すべきポイントとは何か

この章はビジネス折衝や交渉の事前準備で検討すべきポイントを具体的に挙げていきます。

まずは現状の把握からです。ビジネス折衝や交渉の論点となるポイントを3つのテーマ設定と論点の予測という形でキーワードを挙げていきます。次に「譲れるポイント」と「譲れないポイント」の洗い出しです。さらに、双方の「強み」と「弱み」の確認、理想のシナリオと最悪の結果予測、主張するポイントの項目と序列の確認へと事前の準備を進めていきます。

個人の経験に委ねられるのではなく、折衝や交渉に参加するメンバー全員が意識を共有し、最終的に勝ち取るべき目標と主張すべきポイントを確認して、一致団結して交渉に臨む姿勢を作り出していくべきです。

しかし、現実には事前準備に十分な時間を割かずに交渉に臨む方があまりにも多いようです。現状の問題点や背景の確認だけで交渉に臨むケース、議論すべき内容や主張すべきポイントは共通理解があるという前提（思い込み）で交渉に臨むケース、これだけでは本当に「ビジネス交渉に臨む姿勢ができている」とは言えません。メンバー全員でもっと十分な事前準備を行うことをお勧めします。

チーム力や連帯意識の傘の下で「みんなも同じことを考えている」という思い込みをしてはいないでしょうか？　微妙な「意識のズレ」はないでしょうか？　全員の意識が一致していれば問題ありませんが、暗黙の了解の中で意識の共有ができていると思いこんでいるケースも少なくありません。

たとえば、他のメンバーと意識の共有ができていることであっても、1つひとつ言葉にして、確認し合ってみましょう。ホワイトボードに書き出して、問題点を改めて整理してみるのもよいでしょう。意識の共有ができていてあたりまえだと思っていることでも、あえてホワイトボードに書き出して、１つひとつ文字にして整理してみると、意外な「意識のズレ」があったり、主張すべきポイントや重要ポイントの序列に微妙な食い違いが発見できたりするものです。

■交渉の成否は事前準備の如何によってほぼ決定する

「ビジネス折衝や交渉は事前準備の如何によって、その成否がほぼ決定する」と言っても過言ではありません。事前に準備にどう取り組むかという姿勢が重要です。

しかし、ビジネス折衝や交渉はこちらのシナリオ通りには進まないものです。たとえ、どれだけ綿密な準備をして臨んだとしても、その通りには進まないのが常です。中国側も結果を勝ち取るためにこちらが予想もしないようなカードを使って、鋭い切り口で切り込んできます。想定外の展開が待っているかもしれません。

しかし、事前準備が無駄だと言っているわけではありません。やはり、交渉の事前準備はしっかりやっておくべきです。筋書き通りにはいかないとわかっていても、事前準備は必要です。

ビジネス折衝や交渉が始まってからでも、修正を迫られる個所があります。修正すべき点はどんどん修正したり、見直すべき点はどんどん見直したりするなど、現場の状況に合わせてどんどん修正を加えていくべきです。これが「中国流」であり、中国企業はこうした臨機応変に対応していく姿勢を「強み」にしています。

重要なのは、相手が揺さ振りをかけてきたときに、それに迷わされず主張すべきポイントをしっかり持つということです。相手の揺さ振りに振り回されずに、最終的に勝ち取るべき「目標」が明確であること、ぶれない「軸足」をしっかり持つこと、これが重要なポイントです。交渉は事前準備次第でその成否がほぼ決定すると言っても過言ではありません。事前準備をしっかり行うことをお勧めします。

【ポイント】交渉は事前準備ですべてが決まる

・交渉が個人の経験やノウハウに委ねられていないか。
・メンバー全員で最終的に勝ち取るべき目標と主張すべきポインが明確になっているか。
・「みんなも同じことを考えている」という思い込み、微妙な「意識のズレ」がないか。
・何のための交渉か、原点に立ち返る軸足をしっかり持つ。

2 交渉の事前準備は４枚のシートで行う

誰にでもすぐ使える４枚のテンプレートを使いこなす

■すぐに使える４枚の「事前準備シート」

それでは、交渉の事前準備をどのような方法で進めたらよいでしょうか。

ここでは、交渉の事前準備を効率よく進めるために、私がよく使う４枚の「事前準備シート」を紹介します。１枚目は「テーマ設定と論点の仕分けシート」、２枚目は「譲れるポイントと譲れないポイントの書き出しシート」、３枚目は「強みと弱みの書き出しシート」、４枚目は「交渉のシナリオ設計シート」です。

事前準備で重要なポイントを４つに絞って、できるだけわかりやすくまとめてみました。誰でも簡単にまとめられるように工夫したシートです。ぜひ活用してみてください。

図5　４枚の事前準備シート

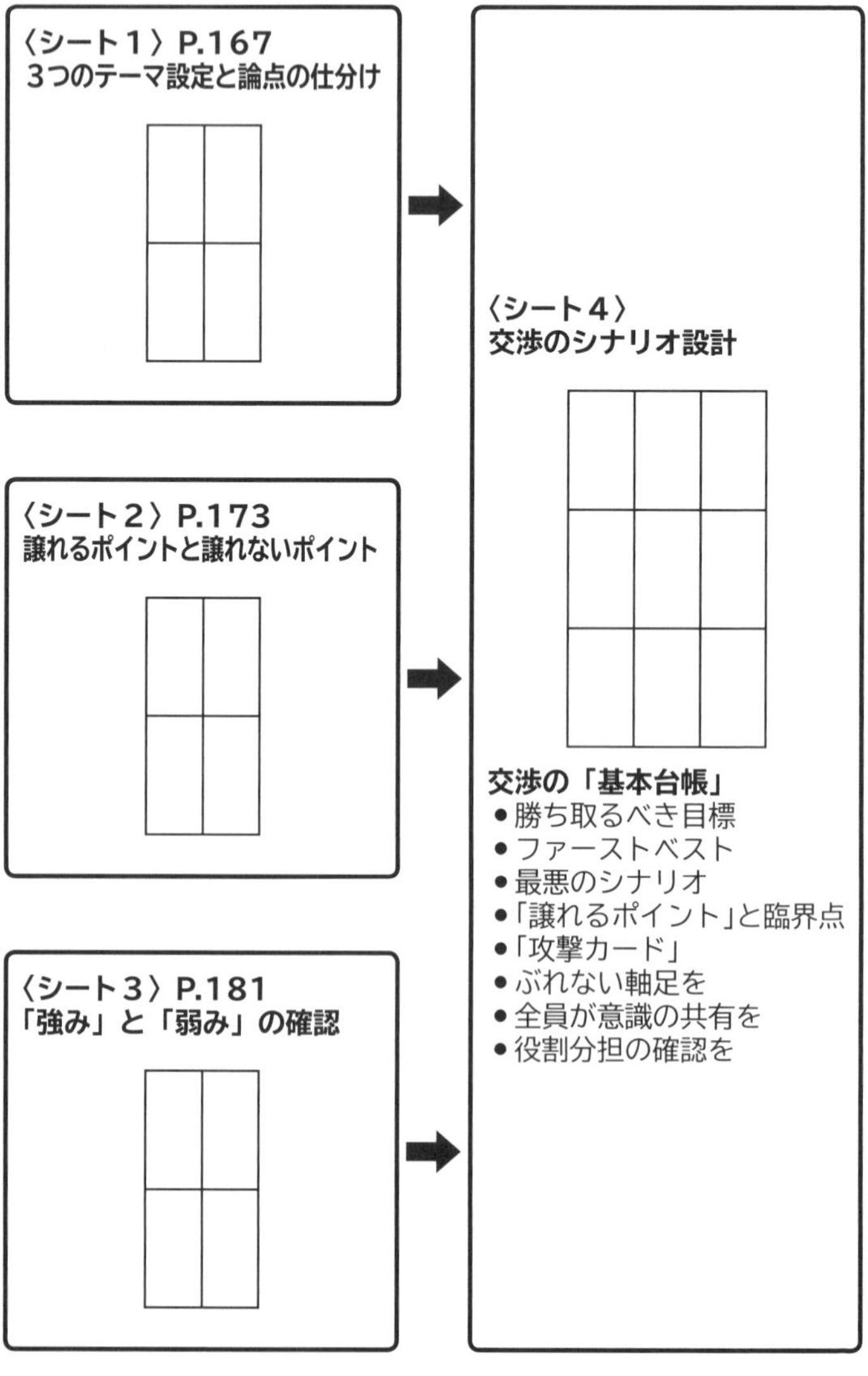
〈シート１〉P.167
３つのテーマ設定と論点の仕分け
〈シート２〉P.173
譲れるポイントと譲れないポイント
〈シート３〉P.181
「強み」と「弱み」の確認
〈シート４〉
交渉のシナリオ設計
交渉の「基本台帳」
●勝ち取るべき目標
●ファーストベスト
●最悪のシナリオ
●「譲れるポイント」と臨界点
●「攻撃カード」
●ぶれない軸足を
●全員が意識の共有を
●役割分担の確認を

■シート１　３つのテーマ設定と論点の仕分け

最初のシートは「テーマ設定」と「論点の仕分け」のためのシートです。これは第３章の「反論に反論しないテクニック」の最後で紹介した「論点確認シート」と同じものです。

まず、議論すべきポイントを３つの分野に分類して交渉のテーマとなるキーワードを考えます。これが３つのテーマ設定です。第３章では「納期」「品質」「コスト」という事例を紹介しました。

次に、３つのテーマ設定ごとに論点となるキーワードを予測して書き出します。これが「論点予測」です。どのポイントで対立しているか、どのポイントが共通認識部分（非対立点）か、この段階でチェックします。これで相手の主張を聞く姿勢（傾聴）の準備が整ったことになります。

そして、実際の交渉が始まってからは、相手の主張のメモを取りながら聞き取ります。聞き取るときに３つのテーマ設定ごとに論点を仕分けしながらメモをとります。これが「論点の仕分け」です。３つのテーマ設定と論点の仕分けは事前準備の基本です（詳しくは１６５ページを参照）。

■シート2　「譲れるポイント」と「譲れないポイント」の書き出し

2枚目のシートは、「譲れるポイント」と「譲れないポイント」を徹底的に書き出してみるためのシートです。まずは、「譲れるポイント」について徹底的に洗い出してみます。次に「譲れないポイント」についても徹底的に書き出してみます。カードの枚数が多ければ多いほど交渉を有利に進めることができます。つまり、譲ってしまってもまったく問題ないポイントを1つでも多く見つけ出すことが重要です。

実は、「譲れるポイント」が交渉を進める上で重要な「交渉カード」です。知恵を絞って「譲れるポイント」をできるだけたくさん探し出して書き出してみてください。

「譲れるポイント」は、時には「捨て札」として使います。また、時には「見せ札」として使います。そして、重要な場面では「切り札」として使います。このカードを使うタイミング（カードの切り方）が交渉を有利に進める秘訣（コツ）です。

「譲れるポイント」のカードは安易に切るのではなく、「捨て札」を相手には「切り札」のような見せ方をして、タイミングよくカードを切ることが交渉を有利に進めるためのテクニックの1つです。

同時に、譲れないポイントを書き出します。その中で絶対に譲ってはいけないポイントを確認し、メンバー相互の共通認識とします。これが絶対に死守すべきポイント「臨界点」です（詳しくは170ページを参照）。

■シート3　日本側の「強み」と「弱み」、中国側の「強み」と「弱み」の書き出し

３枚目のシートは、日本側の「強み」と「弱み」、中国側の「強み」と「弱み」をそれぞれ書き出すためのシートです。双方の「強み」と「弱み」を思いつくままに徹底的に書き出してみます。

まずは、日本側の「強み」を徹底的に整理します。交渉の形勢が不利な状況に陥ったときには、日本側の「強み」を改めて相手に強調すること（認識させること）が形勢を打開するカードになります。日本側との協業のメリットを相手に認識させるためにも準備しておくべきカードです。

次に、日本側の「弱み」を改めて確認します。これは相手には知られてはいけないポイント（隠しておきたいポイント）です。もし相手がこのポイントを突いてきたら、どう守るかを準備しておきます。「弱み」に対する「想定問答」です。「弱み」の攻撃には、「強み」を主張す

ることによる議論の「すり替え」という方法もあります。

さらに、中国側の「強み」についても改めて整理しておきます。これは相手との協業を進めるためのメリットでもあり、日本側の「弱み」を補ってくれるポイントであります。中国側の「強み」は何なのか、改めて確認しておきます。

最後に、中国側の「弱み」を考えられるだけ徹底的に書き出します。シート3ではここが最も重要なポイントです。相手の「弱み」を突く「攻撃カード」として使うための準備です。相手を追い詰めないという原則を守りながら、「攻撃カード」は行き詰まった交渉を打開するために利用することもできます。中国側の「弱み」を徹底的に研究しておくことが、目標を勝ち取る交渉を進める上では重要なポイントです（詳しくは178ページを参照）。

■シート4　勝ち取るべき目標と主張の順番を整理

4枚目のシートは交渉の「シナリオ設計シート」です。交渉の「基本台帳」と言ってもいいでしょう。

まずは、勝ち取るべき「目標」を考えます。

第一に、日本側にとって最も理想的に交渉が進んだケースを想定します。大きな障害もなく、すべてが思惑通りに進み、交渉がうまくいったケースです。ファーストベストの結果想定です。次に、最悪のシナリオに陥った場合を想定してみます。悪条件が重なり、すべてが悪い方向へ進んで最悪の事態になるケースです。

さらに、シート2で考えた「臨界点」を書き込みます。この「臨界点」に陥らないための防御のカードを考えてみます。

最後に、主張すべきポイントを書き込みます。ここに書き込むのは重要度の序列ではなく、どの主張から先に言い出していくべきか、主張する順番です。

また、「想定問答」の欄には、中国側の反応を予測してその対応策を書き込みます。シート2の「譲れるポイント」やシート3の「攻撃カード」も書き込み、交渉が行き詰まったときにカードとして利用します。

私は、中国ビジネスで折衝や交渉に臨むときには、このシート4をテーブルの中央に置き、右手側にシート1を置いて、相手の主張を聞きながらメモの仕分けをします。シート2とシート3は左手側に重ねておき、「捨て札」を「切り札」に見せかける工夫と必要に応じて相手の「弱み」を突く「攻撃カード」を意識しながら、交渉を進めていきます（詳しくは１８３ページを参照）。

いかがでしょうか？　みなさん、イメージをつかむことができたでしょうか？

次のページからは、さらに具体的に4枚の「事前準備シート」の作り方について説明をしていきましょう。

【ポイント】4枚の事前準備シート
・シート1　3つのテーマ設定と論点の仕分け
・シート2　譲れるポイントと譲れないポイントの書き出し
・シート3　日本側の「強み」と「弱み」、中国側の「強み」と「弱み」の書き出し
・シート4　勝ち取るべき目標と主張の順番を整理、交渉の「基本台帳」

3 〈シート１〉3つのテーマ設定と論点の仕分け

相手の主張を聴く、論点を仕分けしながらメモを取る

■議論のポイントを分類するためのキーワードを予測して3つのテーマを設定する

ここからは、具体的なシートの書き方を解説していきます。

シート1は「テーマ設定」と「論点の仕分け」のためのシートです。このシートは第3章の「反論に反論しないテクニック」で紹介したシートと連動しています。

まず、3つのテーマ設定から交渉の事前準備に取り掛かります。

議論すべきポイントを3つの分野に分類して、交渉のテーマとなるキーワードを書き込みます。第2章で取り上げた事例「部品コンポーネンツのOEM調達」（86ページ）で考えてみましょう。ここでのキーワードは「納期」「品質」「コスト」となります。ぶれない議論をしていくためには、まずこの3つのキーワード選びが重要です。

「納期」をテーマ1の欄に記入します。シート左上です。次に「品質」をテーマ2の欄に、「コスト」をテーマ3の欄にそれぞれ記入します。シートの右下は「その他」の欄です。

3つのテーマ設定が、メモを取る段階で「仕分け」のテーマとなります。メモを取るとき、テーマ1からテーマ3のどの欄にも当てはまらない項目は「その他」の欄に記入します。あまり重要ではないものやダメ元の主張、ゴネ得の主張も「その他」の欄に記入します。

この3つのテーマを正確に予測し、うまく設定できるどうかが交渉の成否を左右する重要なポイントと言ってもいいでしょう。仕分けメモをうまく取るためには、3つのテーマ設定が重要なのです。

■相手がどんな主張をしてくるか3つのテーマごとに論点を予測してみる

3つのテーマ設定ができたら、次にそれぞれのテーマごとに相手がどんな主張をしてくるか予測してみます。これが「論点予測」です。予想した項目をテーマ1からテーマ3の欄にそれぞれ書き込みます。論点の予測を書き込むコツは、ポイントをできるだけ簡潔に箇条書きにして書き込むことです。文章にまとめる必要はありません。

テーマ1は「納期」に関する項目です。できるだけ左端に書いて、その右には実際に交渉が

図6 〈シート１〉テーマの予測（３分類）とメモ（論点）の仕分け

テーマ1	テーマ2
テーマ3	その他

始まったときのメモをするために空けておきます。

テーマ2は「品質」に関しての項目、テーマ3は「コスト」に関しての項目です。それぞれ相手の主張を予想して、箇条書きで書き込んでいきます。左端に書いて、右にはメモをするスペースを残しておきます。もし、テーマ1からテーマ3のどれにも当てはまらない項目があれば、「その他」の欄に記入します。

次に、共通認識点と対立点の予測を行います。私の場合は対立が予想される項目に△印を書き込みます。共通認識点には◎印を書き込みます。記号の使い方はあくまでも参考例です。みなさんでそれぞれ工夫してください。

実際の交渉が始まると、共通認識点がそうでなかったり、思わぬところに対立点があったり、予想とは違う展開になることがあります。最初の段階で対立点を予測しておくと後の修正作業がやりやすくなります。

■論点の仕分けメモ

実際に交渉が始まったら、相手の主張を3つのテーマに従ってメモをとります。「納期」に関してはテーマ1の欄に、「品質」に関してはテーマ2の欄に、「コスト」に関してはテーマ3

の欄に、それぞれ書き込んでいきます。これが「論点の仕分け」です。

このとき、仕分けメモの項目数に偏りが出てしまうことがあります。仮に３つに分類したテーマの1つにメモが集中してしまったら、それは「事前のテーマ設定」が甘かったということになります。事前の予測が不十分だったわけです。

項目の偏りがあったら、すぐにテーマの見直しを行います。メモが集中した欄の内容をさらに詳細にテーマ分けしたり、メモの領域を広げたり、テーマから外れたものは削除したり、シート1をもう一度作り直します。

このシート1で行う３つのテーマ設定と論点の仕分けが交渉のシナリオを組み立てる上で重要な資料となります。反論に反論するためにも、４枚の注意すべき中国的カードを封じ込めるためにも、交渉の戦略を考える重要データです。

【ポイント】３つのテーマ設定と論点の予測

・議論すべきポイントを３つの分野に分類してキーワードを書き込む（３つのテーマ設定）。
・それぞれのテーマごとに相手がどんな主張をしてくるか予測する（論点の予測）。
・共通認識点と対立点を確認する、中国側が考える対立点を予測する（対立点の予測）。
・交渉では相手の主張を３つのテーマに従って仕分けしながらメモを取る（論点の仕分け）。

4 〈シート2〉「譲れるポイント」と「譲れないポイント」

譲れるポイントが多ければ多いほど交渉は有利に進む

■どれだけたくさんの「捨て札」（譲れるポイント）を見つけ出せるか

2枚目のシートは、「譲れるポイント」と「譲れないポイント」を徹底的に書き出すためのシートです。

まずは、「譲れるポイント」について徹底的に洗い出します。文章にする必要はありません。思いつくまま箇条書きで書き出してみます。

譲っても問題ないポイント、譲ってしまっても大勢にはまったく影響を及ぼさないポイント、譲ってしまったほうが好都合なポイントなど、1つでも多く探し出します。

テーマ1には「納期」に関して「譲れるポイント」を徹底的に書き出します。同様に、テーマ2には「品質」、テーマ3には「コスト」に関して、「譲れるポイント」を徹底的に書き出してみます。

「譲れるポイント」が交渉を進める上で重要な「交渉カード」です。1つでも多くの「譲れるポイント」を見つけ出して、準備しておくことがポイントです。知恵を絞って、できるだけたくさん探し出して書き出してみてください。カードの枚数が多ければ多いほど、交渉を有利に進めることができます。

こうして探し出した「譲れるポイント」を「捨て札」と名づけましょう。どんなつまらないポイントでも交渉のカードとして使うことができます。「譲れるポイント」をまずは1つでも多く見つけておき、交渉のカードとして利用できるように準備しておきます。

この「捨て札」（譲れるポイント）が交渉を進めていく中で、後々大きな意味を持つようになります。1つでも多くの「捨て札」（譲れるポイント）が準備できるように徹底的に探し出してみましょう。どれだけたくさんの「捨て札」（譲れるポイント）が準備できるか、これが交渉の成否を決める鍵になります。

■譲れないポイント「臨界点」を確認する

次は「譲れないポイント」です。これはシート2の右下の欄に書き出します。これも箇条書きで書き出します。「譲れないポイント」の中でも、「この中でこの一線だけは絶対に越えられない」というポイントを1つ探し出します。これが交渉の「臨界点」です。

何が何でも死守すべきポイントであり、交渉に参加するメンバー全員の共通認識として意識合わせをしておくことが必要です。この絶対に譲れないポイントを確認しておくということはたいへん重要なことです。メンバーの暗黙の了解ではなく、シート上に明記することで意識の共有化を図ります。

最後に、「譲れないポイント」に序列をつけます。最悪の場合、順位の低いものから「妥協のカード」として使っていきます。もちろん、この欄にある「妥協のカード」は使わずにすませることがベストです。

■「捨て札」（譲れるポイント）を「切り札」に見せて相手から譲歩を引き出す

「譲れるポイント」は相手から譲歩を引き出すためのカードとして使います。

時には、中国側の要求を封じ込めるために使います。これは「捨て札」です。交換条件に対して相手に渡す「捨て札」として利用することもできます。

時には、日本側の要求を主張するときの交換条件や三択の選択肢として「捨て札」を使いま

図7 〈シート2〉譲れるポイントと譲れないポイント

テーマ1 の譲れるポイント	テーマ2 の譲れるポイント
テーマ3 の譲れるポイント	絶対に譲れないポイント

す。そもそも譲ってもいいポイントです。これを交換条件や三択の選択肢の1つとして使うのです。

たとえ譲れるポイントであっても、安易にこのカードを切ることは禁物です。「譲れるポイント」のカードを使うコツは出し惜しみです。「捨て札」を相手には「切り札」のような見せ方をしてタイミングよくカードを切ることが交渉を有利に進めるためのテクニックです。「捨て札」という表現をしたのは、譲ってしまってもかまわないポイント（大勢には大きく影響しない）、むしろ譲ってしまったほうがいいポイントという意味です。こうしたカードをできるだけたくさん準備をしておきます。これが交渉を有利に進めるための秘訣（コツ）です。「捨て札」を相手に「捨て札」と悟られずに、中国側には「切り札」に見せかけて相手から譲歩を引き出すことができたら、上手な「捨て札」の使い方です。事前準備の段階で、「譲れるポイント」を徹底的に書き出してみてください。

最後に、改めてシート1を見直してみましょう。シート1の中でも「譲れるポイント」を確認しておきます。「譲れるポイント」には☆印、「譲れないポイント」には★印を書き込んでみてください。また、実際に交渉が始まってからも、交渉の進捗状況に従って、☆印と★印を常に見直してください。「捨て札」と「切り札」を使うタイミングを検討する作業の1つです。

■「捨て札」を無駄に使ってしまったケース

「まず、日本側の譲歩案を提案します。○○○について中国側に譲歩します」

あるとき、交渉が始まると、日本側が「譲れるポイント」を中国側にいきなり提示するケースがありました。まず、日本側の「誠意」を見せることで、相手からも譲歩を引き出そうという作戦だったのでしょう。

しかし、見事に失敗しました。

「わかりました。では、△△△についての要求もご検討いただけないでしょうか」

中国側は重ねて厳しい要求を突きつけてきました。交渉が始まった直後ということもあり、その後も、中国側の要求はますますエスカレートするばかりでした。

これではせっかく「譲れるポイント」を準備しておいたとしても、まったく意味がありません。中国側に無駄な譲歩をしているに過ぎないのです。

日本側は誠意のつもりでも、中国側はそうは受け止めなかったのでしょう。中国側は結果を勝ち取る交渉を仕掛けてきます。妥協点を見出す交渉ではないのです。

■「捨て札」を「交換条件」のカードとして使う

「日本側は○○○について譲ります。しかし、同時に◇◇◇について中国側の譲歩も要求します」

これは交換条件で相手からの譲歩を引き出す方法です。

実は、○○○は譲ってしまってもまったく問題ないポイントです。これが「捨て札」です。交渉の駆け引きで「捨て札」を「切り札」のように見せて、相手に譲歩を迫るのが上級テクニックです。

また、譲歩ポイントに「ダメ元・ゴネ得」の主張を抱き合わせるという方法もあります。

「△△△の件についてはやむを得ず中国側に譲歩いたします。しかし、同時に□□□について中国側に要求します。いかがでしょうか」

日本側の△△△は最初から譲ろうと思っていたポイントです。

しかし、□□□はそもそも主張が通るとは思っていない要求です。中国側は拒否してくるはずです。

「わかりました。では、□□□は取り下げることにしましょう」

「しかし、その代わり○○○についてはぜひ中国側の譲歩をお願いします」

日本側が要求した○○○は現実的な交渉の「落としどころ」だとします。

最初から○○○の要求を出すのではなく、「ダメ元」の主張の後で要求を出すと効果的です。

また、「落としどころ」の要求は、①○○、②○○、③○○と「三択法」で提案し、相手に結論を選ばせるという方法もあります。


【ポイント】譲れるポイントが多ければ多いほど交渉は有利に進む

- ・譲れるポイント「捨て札」を徹底的に書き出す（探し出す）。
- ・譲れないポイントを徹底的に書き出す、譲れないポイントに序列をつける。
- ・絶対に譲れないポイント「臨界点」を確認する。
- ・譲れるポイント「捨て札」は譲歩を引き出すカード、「捨て札」を「切り札」のように見せて使う。

5 〈シート3〉「強み」と「弱み」を徹底的に確認

相手の「弱み」を見つけ出し、「攻撃カード」を準備する

■まずは、日本側の「強み」を徹底確認

3枚目のシートは「強み」と「弱み」を徹底的に洗い出すシートです。

まずは、日本側の「強み」を徹底的に書き出します。シート3の左上の欄です。ビジネス折衝や交渉に臨む前に、自分たちの「強み」は何なのかを、交渉に参加するメンバー全員で改めて検証してみましょう。メンバー相互で確認しあうことで、意識の共有化を図ることができます。また、自分たちが考える「強み」だけではなく、中国側が日本側の「強み」をどう考えているかについても検証してみます。相手から見た「強み」の検証です。

日本側にとっては自分の「強み」だと思っていることが、実は中国側は「強み」とは認識していないことがあります。逆に、日本側が「こんなことは〝強み〟にはならない」と考えてい

ることが、意外に中国側が「強み」と考えていることもあります。

交渉の形勢が不利な状況に陥ったときには、日本側の「強み」を改めて相手に主張します。「強み」を強調すること（認識させること）が、「注意すべき中国的交渉カード」をかわす手段にもなります。同時に、「強み」の強調は、日本側にとっても論点のすり替えカードとしても使えます。日本側との協業のメリットを相手に認識させるために有効です。

また、「1＋3主張法」や「メリ・デメ法」を使って、日本側の「強み」を徹底的に主張する方法も使ってみてください。「注意すべき中国的交渉カード」を封じ込めたり、「譲歩案」を引き出したり、交渉を有利に進めるために有効なカードとして利用することができます。

■次に日本側の「弱み」を徹底確認

次に、日本側の「弱み」を改めて書き出します。これはシート3の左下の欄に書き出します。

「強み」だけでなく、「弱み」を確認しておくことも必要です。これは中国側には隠しておきたいポイントです。もちろん、わざわざ知らせる必要はありませんし、知られずにすむことがベストです。

しかし、中国側がこのポイントを攻撃してきたらどう守るか、事前に「想定問答」を準備しておきたいところです。相手がウィークポイントを突いてきたとき、すぐに切り返すための準備です。もし、有効な対策が見つからない場合は、日本側の「強み」を強調して切り返したり、中国側の「弱み」を突いて切り返したり、論点のすり替えという方法もあります。日本側も4つの「注意すべき中国的交渉カード」を使って切り返すわけです。

■中国側の「強み」と「弱み」を徹底確認

中国側の「強み」についても改めて整理しておきます。右側の上の欄です。

相手の「強み」もきちんと確認しておく、日本側にはない中国側の「強み」を改めて確認しておく、また中国側が自分たちの「強み」を日本側がどう思っているかを想像してみる、これらの点も事前に検証しておくことができたら理想的です。

中国側の「強み」は、日本側にとって中国側と協業を進めるためのメリットであり、日本側の「弱み」を補ってくれるポイントでもあります。

最後に、中国側の「弱み」を考えられるだけ徹底的に書き出します。右下の欄です。

想像し得る中国側の相手の「弱み」を、箇条書きで1つひとつ書き出してみます。シート3で最も重要なポイントです。相手の「弱み」を攻撃するためのカードを準備することです。

図8 〈シート３〉「弱み」と「強み」の確認

自社の「強み」	先方の「強み」
自社の「弱み」	相手の「弱み」攻撃ポイント

当然、中国側は自分たちの「弱み」を知られたくないと思うはずです。この「攻撃のカード」は、できれば使わずにすませたいところですが、相手も同じように「攻撃のカード」を使ってくるはずです。交渉は闘いです。結果を勝ち取るためには、容赦なく日本側の「弱み」を突いてくることも考えられます。日本側も何枚かの「攻撃のカード」は準備をしておくべきです。

一方、「弱み」を突くと同時に、相手をあまり追い詰めないということも重要なポイントです。時には相手の「面子」を立てて、「逃げ道」を作っておく配慮も必要です。あまり追い詰め過ぎると、相手は「開き直りの主張」や「捨て身の攻撃」を仕掛けてきます。こうした攻撃を誘発しないようにすることも重要なポイントかもしれません。

【ポイント】「強み」と「弱み」を徹底的に確認

- 日本側の「強み」の確認、「注意すべき中国的交渉カード」の切り返しに使う。
- 日本側の「弱み」の確認、「弱み」を突いてきたときの「想定問答」を準備する。
- 中国側の「強み」の確認、協業のメリットを確認する。
- 中国側の「弱み」の確認、「弱み」を突く「攻撃カード」を準備する。

6 〈シート４〉交渉のシナリオ設計シート

勝ち取るべき目標と主張の順番を整理し、交渉の進め方を考える

■最も理想的な結果を考える、最悪のシナリオを考える

４枚目は交渉の「シナリオ設計シート」です。交渉の「基本台帳」と言ってもいいでしょう。まずは、勝ち取るべき目標を書き込みます。この交渉で日本側にとって最も理想的に交渉が進んだケースです。特に大きな障害もなく、すべてが思惑通りに進み、交渉がうまくいったケースを想定してみます。ファーストベストの結果想定です。シートの左上に書き込みます。

もちろん、そう簡単には日本側の思惑通りにことは進まないでしょう。中国側もさまざまな方法で自分たちにとっての理想的な結果を主張し、結果を勝ち取るための交渉を仕掛けてくるはずです。まずは、日本側にとってもファーストベストの形をイメージしてみるということがポイントです。

次に、最悪のシナリオに陥った場合を想定してみます。これはシートの左下の欄に書き入れます。

悪条件が重なり、すべてが悪い方向へ進んで最悪の事態に陥り、最悪のシナリオに進むケースを想定してみます。また、万一交渉が決裂したときの日本側にとってのデメリットも考えておきます。

■主張すべきポイントの順序を考える、日本側の主張に対する「想定問答」を考える

次に主張すべき事柄の順序を考えます。主張すべき事柄を整理して主張する順番を書き込むための欄です。シート中央の上の欄に書き込みます。

これは重要度の順番（序列）ではなく、どの主張から切り出すか時間的な順番です。①、②、③……と具体的に日本側が主張したい内容を書き込んでいきます。交渉の流れを考えて、どのカードから使っていくべきか、カードを切る順番を整理しておきます。

交渉では日本側の考えをしっかり主張することが重要です。主張なくして、調整はあり得ません。もちろん、中国側と日本側の主張とで優先に議論すべきポイントに感覚差がある場合があります。

図9 〈シート４〉交渉のシナリオ設計

(1) 最も理想的な結果 F/BEST ① ② ③ ↓	(4) 主張の順序 ① ② ③ ※戦略修正／再構築	(5) 相手の反応予測 ① ② ③
(3) 落としどころ ① ② ③	■交渉の目的／基本方式■ 「切り札」 〈主張すべきポイント〉	(6) 譲れるポイント ①　⑤　⑨ ②　⑥　⑩ ③　⑦　⑪ ④　⑧　⑫
(2) 最悪のシナリオ WORST/ONE ① ② ③	(8) 相手の「弱み」 〈攻撃点〉 ① ② ③	(7) 絶対に譲れないポイント ① ② ③ 【臨界点】

しかし、すべて相手の考えに合わせるのではなく、日本側も自分たちの考えをしっかり主張する姿勢を持ってください。もちろん、相手の出方によって途中でカードを切る順番を変えていくことも必要です。

また、日本側の主張に対して中国側はどんな反応を示すかを予測してみます。シートの右上の「相手の反応予測」の欄には「想定問答」を書き込みます。主張する内容1つひとつに合わせて①、②、③……と同じように書き込んでみます。

■譲れるポイントを書き込む、譲れるポイントの序列を考える

次は、シート2でまとめた「譲れるポイント」についても、優先的に切り出す順番(序列)を書き込みます。シートの右の列、中段の欄です。同じ列の右下の欄は「絶対譲れないポイント」です。これも同じように①、②、③……と書き込んでいきます。

「譲れるポイント」は、前項でも取り上げたように「捨て札」です。しかし、「捨て札」を「捨て札」と見破られてしまうのではなく、「捨て札」を「切り札」のように見せて使っていくことがポイントです。どういう順番でカードを切っていくべきか、シートの右列の中段に順番に書き込んでいきます。

次は中央の下の欄に、中国側の「弱み」を書き込みます。これは、中国側が日本側の「弱み」を突いてきたときの反撃のカードとして使うこともできます。これは最悪のシナリオを避けるための防御のカードという意味も持ちます。これも同じように欄の右下には「想定問答」を①、②、③……と書き込んでいきます。

シートの右列上には日本側の主張に対する中国側の出方、右列の中央には「譲れるポイント」に対する中国側の出方、中央の下には中国側が日本側のウィークポイントを突いてきたときの対処方法をいずれも「想定問答」の形でメモを書き込みます。日本側のウィークポイントを突いてきたときの対処方法とは、つまり最悪のシナリオを避けるための「想定問答」です。

■最終的な「落としどころ」に向かうための交渉の進め方を整理する

最後の書き込みは、シート右列の下段の欄です。ここには「譲れないポイント」を書き込みます。これもシート２で整理した内容をもとにして重要なポイントを①、②、③……、と書き込んでいきます。

そして、欄の右下には絶対に譲れないポイント、つまり「臨界点」を書き込みます。ここが交渉で絶対に死守すべきポイントになります。

全体の書き込みが終わったら、シートに書き込んだ記号をもう一度確認してみましょう。主張すべきポイントには◎印または○印を記入、譲れるポイント「捨て札」には☆印を記入、譲れないポイントには★印を記入、交渉の「臨界点」には◆印を記入してみます。

9つの枠の中央には「交渉の目的」「交渉の基本方針」を書き込みます。これは何のための交渉なのかというぶれない軸足を、交渉に臨む全員が意識を共有するためのポイントです。何かあったときは必ずここに立ち戻り、交渉の目的と目標を見失わないためのポイントです。

こうしてシートの全体像を見渡します。これで交渉の「シナリオ設計シート」が完成です。実際の交渉の現場では、この交渉の「シナリオ設計シート」が交渉の「基本台帳」の役割も果たします。

シビアなビジネス折衝やクレーム処理交渉などの場合、この「基本台帳」は何度も見直しや書き直しが必要になってきます。

相手の主張の聞き取り、仕分けメモの論点の見直し（シート1）、「譲れるポイント」の再確認（シート2）、相手のウィークポイント探し（シート3）、主張すべきポイントと序列の見直しと「想定問答」の書き換え（シート4）など、「基本台帳」の修正や見直し、書き換えながら進めていきます。

しかし、大切なポイントは、常にこの「基本台帳」を意識しながら交渉を進めるということです。交渉に参加するメンバー全員でぶれない「軸足」を確認すること、進捗状況に合わせて常に内容の修正や見直し行いながら作戦会議を進めていくことです。交渉は事前の準備がその成否を大きく左右すると言っても過言ではないでしょう。

ぜひ、みなさんもこの４枚のシートを活用して事前準備を進めてみてください。

【ポイント】交渉のシナリオ設計シートは交渉の「基本台帳」

・最も理想的な結果を考える、最悪のシナリオを考える。
・主張すべきポイントの順序を考える、中国側の反応に対する「想定問答」を考える。
・譲れるポイントの順序を考える、譲れないポイント（臨界点）を再確認する。
・最終的な「落としどころ」に進めるための交渉の進め方を整理する。

7 4枚のシートを有効に活用する

「基本台帳」は交渉の進捗に合わせて随時修正・見直しを

■交渉の「基本台帳」を準備する重要性

４枚目のシートは交渉のシナリオ設計をするためのものです。交渉の作戦を考えるためのシートであり、交渉が始まってからも終始手元に置き、交渉の過程を記録しながら交渉を進めてください。「基本台帳」が重要である理由は次の３つです。

第一に、交渉の「基本台帳」で常にぶれない「軸足」を確認するためです。交渉が白熱してくると反論に反論が続いたり、論点が暴走したり、そもそも何のためも交渉だったのか、勝ち取るべき目標とは何だったたか、ポイントを見失ってしまうことがあります。

第二に、メンバー間の意識の確認や意思の統一のためです。参加するメンバーそれぞれの意識の共有を図り、スピーディーな判断、スピーディーな意思決定に役立ててください。

第三に、メンバーそれぞれの役割分担を確認するためです。「基本台帳」の上で、誰がどのタイミングでどの主張をするかをあらかじめ決めておきます。公式折衝の場で徹底的に主張する人、公式折衝の場では相手の主張にうなずき、非公式折衝の場では相手の主張や妥協案の受け皿になる人など、あらかじめ決めておき、必要に応じて「基本台帳」の上で見直しを行います。

■実際の交渉が始まったら

主張するポイントについてシートを見ながら主張する順番を考え、調整し、前進や後退を繰り返しながら交渉を進めていきます。

譲れるポイントのカードの切り方も、シートを見ながら、どのタイミングでどのカードを切るべきかを考えます。これも前進と後退を繰り返しながら交渉が進んでいきます。

時には相手のウィークポイントを突くカードを使うことも必要です。タイミングよく切り出すことができれば、こちらにとって有利な方向へ交渉を進めることができます。

しかし、絶対に譲ってはいけないポイントは常に意識しながら交渉を進めることも重要です。

また、シート１で予測した「３つのテーマ設定」の見直しも必要です。「論点」として予測したポイントが合っているか、「テーマ設定」が合っているか、必要であればシート1の書き換えを行います。もし、「3つのテーマ設定」が大きく外れていたら、「基本台帳」の根本的な見直しが必要です。相手の主張を聞くたびに論点の仕分けを再チェックして、スピーディーに見直してください。シート2では「譲れるポイント」の有効性の確認と追加を考えます。シート3では中国側の「弱み」の再検証です。「攻撃カード」が有効かどうか、中国側が「弱み」を突いてきたときの対処法などを随時見直しを行っていきます。最終的には、交渉の「基本台帳」に立ち返り、見直しが必要な部分とぶれない「軸足」とを確認しながら、スピーディーかつフレキシブルに相手の出方に対応していく姿勢を持つことが大切です。

私はいつもこの4枚のシートをノートに書き、そのノートはメモの書き込みでいつも真っ黒になります。

【ポイント】事前準備の交渉の「シナリオ設計シート」が交渉の「基本台帳」となる

・基本台帳は常にぶれない「軸足」を確認するために重要。
・基本台帳はスピーディーな意思決定をするために重要。
・基本台帳はメンバーそれぞれの役割分担を確認するために重要。
・基本台帳は交渉の進捗に合わせて随時修正や見直しを行うことが重要。

8 交渉に臨む際の注意点〈その1〉交渉の「決定権」

「決定権」を持っていない相手とは基本的に交渉しないのが中国人

■相手に「決定権」があることを相手に示す

交渉に臨む際に日本側が注意したいポイントです。最初のポイントは交渉の「決定権」です。ミーティングの冒頭で「自己紹介」をすることは極めて重要なことです。それは、参加したメンバーが交渉の「決定権」を有していることを中国側に宣言するためです。

「本日はよろしくお願いします。今回の交渉の責任者の小沢（仮名）です。今回のプロジェクトに関して会社から全権を委任されております。よろしくお願いします」

「この件は社長から任されております」

「会社を代表して本日はお話させていただきます」

「今回の事案に関して、〝決定権〟は私にあります」

責任者はこのように自分に交渉の「決定権」があることを中国側に明確に宣言します。交渉を始めるにあたって重要なポイントです。

「決定権」を持たされていない相手とは基本的に交渉しないのが中国人です。

もし、「決定権」がないのであれば、最終決定者は誰なのか、交渉に参加しているメンバーの「権限」と「責任」について、日本側の意思決定のプロセスについて、ある程度説明しておくほうがよいかもしれません。

繰り返しますが「決定権」を持っていない相手とは交渉しないのが中国人です。

交渉の最中で、「社に帰って協議し、後日ご連絡します」というフレーズは禁句です。「上司に相談してきます」とか「私では決めかねます」というフレーズももちろん禁句です。

日本ではよく使う言葉ですが、自分で自分の「面子」を潰していることになります。

■「担当業務」を相手に知らせる

「本日はよろしくお願いします。責任者の小沢です。このプロジェクトの責任者です」

「開発担当の黒羽（仮名）です。よろしくお願いします」

「営業担当の小野瀬（仮名）です。本日はお時間をいただきありがとうございます」

誰に交渉の「決定権」があるか、それぞれの担当業務は何か、まずは中国側にきちんと伝えるために簡単に自己紹介をします。

参加メンバーのプロフィールをどこまで伝えるかは責任者の判断です。担当業務を伝えたほうがいいケースもあれば、あえて伝えないほうがいい（伏せたほうがいい）ケースもあります。「品質管理部の神長（仮名）です。趣味はカラオケです。中国語を1年ぐらい勉強しています。ぜひ中国語の歌を覚えたいと思っています」

このように趣味や中国語の学習歴などを披露して、中国側との距離感を一気に縮める方法もあります。プライベートな話題で急接近する方法は中国ビジネスでは有効です。

逆に、中国側参加メンバーの担当業務も確認しておきましょう。「決定権」を持っているキーパーソンは誰か、参加メンバーの担当業務や職位について、一応確認しておくべきです。日本語ができる人がいるかどうか、これもチェックポイントです。

交渉のテーブルの中央に座っている人が「決定権」を持っている人とは限りません。腕を組んでテーブルの端に不気味に座っている人が責任者かもしれません。そうかと思うと、彼はただの「運転手」だったというケースもあります。ミーティングを仕切っていた人が意思決定者の「アシスタント」だったというケースもありました。

■自己紹介では「聞き役」をさり気なくアピール

第2章の「反論に反論するテクニック」で紹介した「主張する役」と「なだめ役」という役割分担も自己紹介の席でさり気なくアピールしておくとよいでしょう。

「主張する役」とは、日本側の主張を徹底的に中国側に主張する役割の人です。時には強硬な態度で、時には強引に、時には徹底的に、強面の役回りを演じる担当者です。「攻め役」と言ってもいいでしょう。一方、「なだめ役」は「聞き役」と言ってもいいでしょう。

中国側の考えに徹底的に共感の姿勢を示し、「まあまあ、相手の話も聞こうじゃないか」と徹底的に主張する人をなだめる役回りを演じる担当です。

「聞き役」は自己紹介の時間に少し積極的に発言をします。中国語が話せるなら中国語で自己紹介してもいいでしょう。カタコトの中国語で挨拶するだけでも相手に与える印象がだいぶ違います。フレンドリーな雰囲気を相手にアピールするためです。

「攻め役」と「聞き役」という役割分担を決めておくかどうかも責任者の判断次第です。誠意をもってストレートにぶつかっていくという方法もあります。

多少オーバー気味に「攻め役」が強硬な主張をしたほうがうまくいくケースもあります。非公式折衝の場で「なだめ役」を上手に活かすための作戦です。

■「ニーハオ」と笑顔で呼びかける

これは私の持論ですが、どんなシビアな交渉の場でも、「よろしくお願いします」と「笑顔」で声をかけると、相手もたいてい「よろしく」と「笑顔」を返してくれます。まずは相手の「笑顔」を引き出すこと。ただこれだけのことですが、とても重要なことではないでしょうか？　これが交渉を始める第一歩ではないかと思います。

まずは「ニーハオ」と笑顔で呼びかける。自分自身にちょっとだけ精神的な余裕を持たせるためにも私自身が実践しているテクニックの１つです。

【ポイント】自己紹介の時間を有効活用
・「決定権」を持たされていることを示す。
・自己紹介で日本側の担当業務を中国側に伝える。
・中国側の参加メンバーの担当業務を確認する。
・個人的なプロフィール紹介で急接近（「聞き役」もさり気なくアピール）する。

9 交渉に臨む際の注意点〈その2〉
「交渉期限」という交渉カード
「いつ日本にお帰りですか？」という質問には要注意

■【事例】「交渉期限」という交渉のカードを中国側に渡してはいけない

中国出張で日本のお客様をアテンドしてビジネス折衝に臨んだときのことです。

私の役割は、通訳が適切な言葉を選んで日本側の意図を中国側に正確に伝えているかチェックすることでした。また、通訳が訳しきれない言葉があったとき、そのポイントを補足したり、日本側のコメントを中国側がどう受け止めたか、中国側の表情やひそひそ話をチェックしたりするといった役割もありました。通訳者は日本側が現地で採用した専門家で、前日に事前打ち合わせをすませて折衝に臨みました。

ミーティングは極めて友好的なムードでリラックスした雰囲気のなかで交渉が始まりました。

中国側「いつ中国にいらっしゃいましたか？」
日本側「はい、昨夜の飛行機で上海に着きました」
中国側「飛行機は揺れませんでしたか？」
日本側「ええ、おかげさまで、快適なフライトでした」
中国側「いつお帰りになりますか？」
日本側「はい、金曜日の夕方の飛行機で日本に戻ります」
中国側「どちらのホテルにお泊りですか？」
日本側「はい、虹橋地区のビジネスホテルです。県の事務所が近くにあり、便利なので」

と、普通に始まった交渉の場面ですが、実はこうした会話のやり取りの中に、注意すべきポイントがいくつも隠されているのです。

この会話のやり取りの中で、日本側は中国側に「帰国日」を明らかにしています。実は、これは危険です。なぜなら、日本側は「交渉期限」という交渉カードの１枚を中国側に与えたことになるからです。何気ない会話のやり取りですが、日本側は大きなミスを犯しています。

「交渉期限」というカードを入手した中国側は、交渉の最終期限を「金曜日の夕方」と設定して、交渉に臨んでくるでしょう。つまり、「金曜日の夕方」までは粘り強く、あきらめずに、ぎりぎりまで、繰り返し攻撃を仕掛けてくるのです。

序章でも述べたように、「結果を勝ち取るための交渉」をするのが中国人です。一方、日本人は「まとめるための交渉」という基本姿勢で交渉に臨みます。中国側は「まとめるため」ではなく、有利な「結果」を勝ち取るために期限のぎりぎりまで主張を繰り返してくるはずです。

仮に「水曜日」に交渉がまとまりかけたとします。日中双方が歩み寄って「妥協案」が見えてきたとしましょう。日本側はもう一息何とか調整をして、一気に決着に持ち込もうとします。

しかし、中国側は「水曜日」に交渉がまとまりかけたとしても、そこでは決着させず、「木曜日」にはまた別の主張をしてきます。ダメ元・ゴネ得の主張をして、議論を蒸し返して、交換条件を出してきて、議論をすり替えて、より有利な結果を引き出そうと、日本側を右へ左へ揺さぶってくるでしょう。

早く決着すること、スムースに進むこと、もめずに決着すること、これが日本側にとって「よい交渉」です。仮に「水曜日」に決着させることができたら、「今回の交渉はうまくいった」と考えます。一方、中国側はそう考えません。中国側の目的はより明確です。結果を勝ち取ることが「よい交渉」なのです。ぎりぎりまで粘って交渉を続けるはずです。

しかし、「金曜日」には必ず決着します。「落としどころ」は必ずあるのです。「交渉期限」ぎりぎりまで粘って、最後はタイムリミット直前できっちり予定していた「落としどころ」に落としてきます。

「今回は決裂か」と考えて空港に向っていると、その車を追いかけてきて、出発ロビーで「譲歩案」にサインした――実際にこんなケースもありました。「駆け引き」はずるいことと考えるのが日本人ですが、交渉の上での「駆け引き」はあたりまえと考えるのが中国人なのです。

「交渉期限」というカードを中国側に渡さないことは、交渉に臨む注意点として日本側が心得ておきたい注意ポイントです。

【ポイント】「交渉期限」という交渉のカードを中国側に渡すな

・「帰国日」を告げてはいけない。
・「まとめるための交渉」ではなく「結果を勝ち取るための交渉」をしてくる中国人。
・「早く決着した」「スムースに進んだ」「もめずにすんだ」は必ずしも「よい交渉」ではない。
・必ずある「落としどころ」（交渉は粘り強く／期限ぎりぎりまで／挫けず／辛抱強く）。

交渉に臨む際の注意点〈その3〉

10 担当者の「格」に注意

ホテルやフライト、お土産から服装、持ち物まで担当者の「格」を見る中国人

■【事例】宿泊するホテルの「格」に注意

前項の場面の続きです。

中国側「いつ中国にいらっしゃいましたか?」
日本側「はい、昨夜の飛行機で上海に着きました」
中国側「いつお帰りになりますか?」
日本側「はい、この交渉が決着し次第、帰国する予定です」
中国側「どちらのホテルにお泊りですか?」
日本側「はい、虹橋地区のホテルです。県の事務所が近くにあり、便利なので」

中国側「では、シェラトン上海虹橋酒店ですか？」
日本側「いえいえ、そんな立派なホテルじゃないです。路地裏の小さなビジネスホテルです」
中国側「社長はお元気ですか？　相変わらずゴルフしていますか？」
日本側「はい、おかげさまで。社長は毎週のように週末はゴルフですよ」

ここでのポイントはホテルの「格」です。中国側は日本側担当者の「格」を宿泊するホテルで見定めることがあります。
五つ星のホテルに宿泊する担当者なのか、名前も聞いたことがない路地裏の小さなホテルに宿泊する担当者なのか、中国側はこんなポイントを結構気にします。中国は「面子」の国です。もし、担当者が「格」下の相手なら、それなりに接し方を変えてくるケースもあります。

中国側「ホテルの部屋番号を教えてください。後で果物でも届けさせましょう」
日本側「いいえ、結構です。そんな立派なホテルではありませんから、お気遣い無用です」

こう言って、日本側は中国側の好意を謝辞しました。しかし、謙虚さを示したつもりでも、実はこれは自分で自分の「面子」を潰している行為です。「私ってこの程度の人間です」と自分から宣言しているようなものです。喜んで中国側の好意を受け、次の機会に今度は相手にさらに豪華なお礼をするべきです。

ホテルを予約するときは、一階に喫茶店もなく、ロビーで待ち合わせもできないようなホテルは、避けたほうがいいでしょう。

■お土産で交渉相手の「格」を見る中国人

「贈り物は人間関係のバロメーター」というキーワードがあります。中国側の担当者にどんなお土産を買っていくかもポイントの1つです。

「つまらないものですが」

「みなさんで召し上がってください」

空港で買ったお菓子をこんなふうに相手に手渡す場面をよく見かけます。しかし、こういう言い方はどちらも禁句です。知らず知らずに相手の「面子」を潰していることになります。

大切な相手であれば「つまらないもの」ではなく、相手の地位や2人の人間関係に見合う立派な「贈り物」を準備すべきです。中途半端な品物を贈るべきではありません。形だけの儀礼的な「贈り物」はむしろ避けるべきでしょう。

中国人は常に交渉相手の「格」の見極めに注意を払っている

「みなさんで召し上がってください」も禁句です。「贈り物」は渡す相手に食べてもらうものであって、みなさんに食べてもらうものではありません。これは知らず知らずに渡した相手の「面子」を潰していることになります。中国ビジネスにおける「贈り物」とは、「個人対個人」の人間関係を作るために贈るものなのです。

フライトが「ビジネスクラス」なのか「エコノミークラス」なのか、出張中の移動手段として手配した車の車種、同行する通訳（経験や学歴、通訳としての「格」）、食事会に使うレストランの「格」なども中国側にとっては観察ポイントです。

また、服装、ネクタイ、カバン、名刺入れ、メガネ、筆記用具、携帯やパソコンまで、中国側はそんなところまでチェックしているかもしれません。あらゆる情報源からあなたがどんな人で、どの程度の「格」の人物なのかを観察しているのです。

中国だからラフな格好でいいだろうとブレザーにノーネクタイでミーティングに出向き、その服装を見た担当者が彼の上司に取り次いでくれなかったというケースもありました。

確かに「急接近型」で人間関係を構築し、急接近後は誰にでもフレンドリーに接するのが中国人です。しかし、「熱烈歓迎」の姿勢でフレンドリーに迎えてくれたとしても、あなたはしっかり観察されているのです。実にシビアな「人間観察」と「人物評価」の眼を持っているのが中国人です（詳しくは拙著『知っておくと必ずビジネスに役立つ中国人の面子』を参照）。

【ポイント】担当者の「格」を見る中国人

・ホテルの「格」、一階に喫茶店もなく、ロビーで待ち合わせができないようなホテルは避ける。
・「お土産」の渡し方、「つまらないものですが、みなさんで召し上がってください」は禁句。
・フライト、車、通訳、食事会のレストラン、服装、持ち物から担当者の「格」を見る。
・「熱烈歓迎」の裏でシビアな「人間観察力」と「人物評価」の眼を持っている中国人。

11 交渉に臨む際の注意点〈その4〉
交渉は「対等な立場」で
交渉相手とは上下関係がない「対等な関係」であると考える

■交渉相手は「敵」ではない

「それは日本側がおかしい！　その要求は絶対に受け入れられない！」

「まったく話にならない！　それは日本側のミスで、日本側の責任で解決すべきだ！」

時には中国側が眉間に皺を寄せて、叫ぶような声で日本側を非難することがあります。

しかし、こんな強硬なやり取りが続いたとしても、それは「言い争い」や「喧嘩」とは違います。主張すべきことをしっかり主張しているだけのことです。

こういう中国側の態度が日本側には、傲慢で、一方的な主張ばかりする、わがままな態度と映ることがあります。自分のことしか考えない発言、謙虚さに欠ける態度、時には相手を高飛車に見下した姿勢と映ることがあります。

しかし、中国では「主張することが評価される文化」です。自分の考えをしっかりと主張することは傲慢で、わがままで、高飛車な態度とは違うのです。

私はそんなとき、全身の力を抜いて深呼吸し、「議論すべきポイント」と「交渉の目的」の再チェックを自分に言い聞かせます。一方的な主張にいちいちカチンときて熱くなっていたら、相手の「思う壺」かもしれません。

交渉相手は「敵」ではありません。喧嘩腰で議論する必要はありません。

■交渉は「対等な立場」で臨む

基本的に中国人は、交渉は対等な関係で行うべきものと考えます。売る側であっても、買う側であっても、教える側でもあっても、教わる側であっても、どちらが上位でどちらが下位かという区別を考えないのです。

たとえば、中国側が売り手優位の場合（売ってやる・売らせてやるという姿勢）であっても、あるいは売り手下位の立場であっても（売らせてもらう・売らせていただく）であっても、ビジネスパートナーは「対等な関係」であることが原則と考えます。

逆に、中国側が買い手優位の場合（買ってやる・代わりに売ってやるという姿勢）であっても、あるいは買い手下位の場合（買わせていただく・売っていただく・売らせていただくという姿勢）であっても、同じように交渉相手とは「対等な関係」であると考えます。

中国側が熱烈に日本側の製品を欲しがっていて積極的に買い付けたい場合でも、販売の代理権が欲しい場合でも、同様です。ビジネス上では対等なパートナーと考えます。

これはトラブル処理の場合も同じです。トラブルの原因に責任がある側でも、責任を追及する側でも「対等な立場」は同じです。トラブルを解決していこうという姿勢は双方とも同じはずだからです。

繰り返しますが、交渉相手は「敵」ではありません。上下関係もありません。なぜなら、交渉相手はビジネスをいっしょに行っていくビジネスパートナーだからです。

【ポイント】交渉は「対等な立場」で臨む
・交渉は「対等な関係」で行うべきものと考える。
・交渉に相手との「上下関係」はないと考える。
・売りの交渉でも買いの交渉でも「対等な関係」はいっしょであると考える。
・交渉相手は「敵」ではない、交渉相手は大切な「ビジネスパートナー」であると考える。

【コラム③】
お土産の値引きの交渉テクニック〈1〉落としどころの値段を探る

「これいくらですか？」値段をたずねると、たいてい「いくらで買う？」という答えが返ってきます。買い物はすべて値引き交渉が原則。中国では定価はあってないようなものです。まずは自分の中で「落としどころの値段」を予想して感触を掴みます。

たとえば、表示価格 200 元とある場合。一般的な落としどころの予想価格を 100 元と予想します。これは本人の目利きです。
「いくらで買う？」と聞かれたら、こちらの考えをぶつけてみます。私はまず予想価格の 10 分の 1 からスタート。まずは「10 元でどう？」と言い返します。しかし、これは本当に 10 元で買おうと思っているわけではありません。おばさんの表情をチェックするための値段です。①間髪入れず「ダメダメ」と大きく首を横に振るか、②ちょっと考える素振りを見せるか、③もし商談が即成立するならこちらの予想価格の設定が甘かったといえます。実は 10 元で売ってもおばさんは利益が出ているわけです。

①の場合、予想価格が大きく外れています。②の場合、予想価格がかなりいい線をいっています。そして２回目には「30 元でどう？」、３回目には「50 元でどう？」と何回かおばさんの顔色を探ります。

当然、おばさんも高く売りたいはずですから、そう簡単には首を縦には振りません。しかし、下から値段を上げていくと表情が変わる瞬間があります。この表情を見逃さないのがコツです。たとえば、おばさんの表情から中国側の希望価格を 120 ～ 150 元と感触を掴みます。ここまでが値引き交渉の準備段階。これからが値引き交渉の本番です。(^o^)v （続きは 248 ページ）

第5章

通訳を使うテクニック

1 通訳は「最高の味方」、通訳は「最強の戦力」

使う側もいい通訳を探す・いい通訳を選ぶという姿勢が大切

■通訳の善し悪しが商談の行方を大きく左右する

ビジネス折衝や交渉における通訳は「最高の味方」であり、「最強の戦力」であると心得ておくべきです。通訳の善し悪しが商談の行方を大きく左右すると言っても過言ではありません。

時には通訳のひと言で、大切な商談が台無しになってしまうこともあります。戦力になるどころか、通訳に足を引っ張られたり、通訳を味方ではなく敵に回してしまうこともあるのです。逆に、通訳のひと言で期待以上の結果を勝ち取ることができたり、通訳の機転が相手の強硬な態度を和らげるきっかけになったりと、通訳の善し悪しが商談の成否を決定することもあります。

私は通訳のほんのちょっとした気配り不足が原因で大切な交渉を失敗させてしまったという

現場の事例をいくつも眼にしてきました。「通訳は単に言葉を置き換えるだけ」「言葉ができれば誰でもいい」と考えていてはいい通訳を選ぶことはできません。まず、通訳を使う側が「いい通訳を選ぶ」「信頼できる通訳を探す」という意識を持たなければなりません。

「最強の戦力」として通訳を有効に活用するためには、通訳を使う側の姿勢も大切なのです。通訳を選ぶときのスキルチェック、ビジネス折衝や交渉に臨む前の事前の打ち合わせ、現場での通訳の使いこなし術など、通訳を使う側が心得ておくべきポイントを理解する必要があります。

■通訳は言葉ができれば誰でもいいというわけではない

通訳の仕事とは、単に話し手の言葉を訳すことではありません。話し手の考えやその背景などを考慮して最も適切な言葉を選んで相手に伝えることが通訳の役割です。ビジネス折衝や交渉の目的を十分に理解して、交渉の組み立て役になる場合もあります。

うまく使いこなすことができれば、通訳はみなさんの意見を代弁し、商談を有利に進めるための「最強の戦力」になります。結果を勝ち取るための交渉に一緒に臨んでくれる通訳が理想的な通訳と言えるでしょう。そのためにも通訳との事前打ち合わせは不可欠です。

商談や交渉の目的とその背景理解、主張すべきポイントとその優先順位、商談や交渉を進めるにあたっての注意点、最悪のシナリオに陥った際の対処方法など、通訳との事前打ち合わせは十分に時間を割いて行うことをお勧めします。

ミーティングの現場で通訳が日本側の言葉を中国側に伝えるとき、みなさんはその内容のチェックができません。通訳は相手に中国語で話すわけですから、訳が正しいのか、きちんとこちらの意図を伝えてくれているのか、チェックすることができないのです。

事前準備では、主張すべきポイントとその背景について、通訳との間でも十分に意識の共有を図っておく必要があります。できれば、第4章で説明した「事前準備シート」を共有し、通訳にもその内容を事前に十分に説明しておくことができたら理想的です。通訳がみなさんの「最強の戦力」になるはずです。

【ポイント】通訳は「最高の味方」、「最強の戦力」

・通訳の善し悪しが商談の行方を大きく左右する。
・通訳の役割は単に言葉を置き換えることではなく、話し手の考えを理解し相手に伝えること。
・通訳との事前打ち合わせは十分に時間を割いて行うべき。
・通訳との事前打ち合わせでは主張すべきポイントとその背景について十分な意識の共有を。

2 通訳の予算節約はダメ

通訳の重要性に気づき、通訳経費は十分な予算を取る

■学生の通訳に大切な交渉を任せられますか？

「通訳の手配をお願いしたいんですが、予算の関係もあるので、学生でいい人はいませんか」

こんなふうに「まず予算ありき」で通訳を依頼してくる方がいらっしゃいます。事情は察しますが、最初から安くすませたいという姿勢はいかがなものかと思います。目的を尋ねると、「今年の購買計画の打ち合わせなんですが、先方との感覚のズレがあり、その意識合わせです」

これは明らかに学生には任せられないケースです。

業務方針についての意識合わせなのか、数値のすり合わせなのか、微妙な問題を調整したいのか、いずれにしても中国側とのズレを埋めるために日本側の主張を伝えなければならないはずです。学生通訳を使うべきではありません。

そもそも「通訳は学生でいい」ということからして甘さがあります。「海外の展示会は学生通訳でいい」と言う方がいますが、「ビラ配りやブースでの製品説明は学生で十分」と考えているのでしょう。しかし、ビジネスの最前線に学生を連れ出すことはお勧めしません。

■バイト通訳にトラブルのフォローを任せられますか？

「通訳を探しています。バイトできる人、紹介してください。実は予算に制限があるんです」

これはまた別のケースですが、やはり「予算ありき」という相談でした。

経費をできるだけ安く抑えたいと思う気持ちはよくわかります。しかし、通訳の費用は必要経費として事前に十分に組んでおくべきです。わずかな節約が命取りになるケースもあります。

「ミーティングの目的はなんですか？」と私が尋ねると、

「地方政府の表敬訪問です。先方には英語ができる担当者がいますから、基本的にアルバイトの通訳さんには道案内程度のお手伝いをいただくだけで結構です」

これもよくあるケースです。私の経験では、結果的に道案内が道案内だけではすまなくなります。訪問先に実は英語ができる人がいなかったり、通訳がいることがわかると結局は中国語で話し始めたり、同行した道案内のバイトが通訳することになります。

また、アポが取れていなかったり、アポの再調整が必要だったり、そもそも訪問先の担当者のところへ話が通っていなかったり、中国ではよくあることです。道案内の通訳がこうしたトラブルのフォローをすることになります。「ちょっとバイトの通訳……」ではすまないのです。中には車の手配から交通費の立替えまでやらせるケースがありました。

■ビジネスを成功させるためには通訳の経費を惜しんではいけない

通訳の予算をできるだけ節約しようと考える方がいらっしゃいますが、これは大きな間違いです。安いからといって経験やスキルをチェックしないまま、中途半端な現地通訳を雇うことも危険行為です。通訳の費用は事前に十分な予算を組んでいい人材を選ぶべきです。

「通訳は現地の日本人留学生にでも頼めばいい」
「誰かバイトで通訳ができる友達がいないのか」
「通訳なんかにどうしてそんなに予算が必要なんだ？」と考える方もいるようです。

これらは実際にあった話です。現地の事情を知らない本社サイドから経費削減の指示が入ることがあります。本社サイドで通訳選びの重要性がわかっていないことが多いのです。

「先方の担当者は英語ができるんだから、英語でやればいいじゃないか」

「せっかく中国語研修をやっているんだから、中国語を試してみなさい」

「相手方に日本語ができる人がいるんだから、通訳はいらないだろう」

これも実際にあった話です。このような理由で通訳費用が削られたというケースがありました。担当者は高い出張費用をかけて現地に行くのに、現場でほんのわずかな通訳費用を節約したために大切な商談を失敗させてしまったという事例を数々見てきました。

削減できる経費は削減すべきです。しかし、削減してはいけない経費は支出を惜しむべきではありません。実際、社内に中国語に堪能な担当者がいてもあえて通訳を雇って重要な商談に臨んだという企業もあります。担当者は通訳のチェックに専念して商談を成功させた事例です。

「言葉を訳すだけなら誰でも同じ」と考えてはいけません。通訳を雇う側が通訳の重要性に気づき、そして社内のスタッフにもそれを十分に説明する必要があります。


【ポイント】通訳に任せるべきこととの境界線を明確にする

・展示会でのビラ配り、来場者との接客は通訳に任せる仕事か。
・現地での道案内、訪問先とのスケジュール調整は通訳に任せる仕事か。
・現地でのアポ取り、アポの調整（再調整や折衝）は通訳に任せる仕事か。
・現地での車の手配（交通費の立て替え）、食事の手配、ホテルの手配は通訳に任せる仕事か。

3 通訳選び3つの注意点

経験とスキル、専門用語理解、責任の自覚をしっかりチェック

■旅行ガイドのスキルとビジネス通訳のスキルは別物

「通訳は旅行社のガイドさんに依頼しました。日本語が上手なので、頼りにしています」
「ガイドさんにちょっとお願いしたら、バイト代程度で快く引き受けてくれました」

このようにスケジュールアレンジや道案内を兼ねて、旅行社のガイドさんに交渉の通訳を頼むケースがあります。誤解を恐れずに申し上げますと、こういうケースは要注意です。

もちろん旅行社のガイドさんの中にも優秀な方はたくさんいらっしゃいます。流暢な日本語を話し、気配りも一流です。ガイドさんの語学力を疑うつもりはありません。

しかし、旅行ガイドとしてのスキルとビジネス通訳としてのスキルは別なものです。ビジネス通訳はビジネス折衝の能力やビジネスの経験などを考慮して、それを専業としているプロの

通訳に頼むべきです。もし、旅行社のガイドさんに通訳を依頼するなら、折衝や商談で必要とされる専門用語が理解できるかどうか、ビジネス折衝の経験の有無などを確認してから依頼することをお勧めします。

「ちょっとお願いした」「安い通訳料で気軽に引き受けてくれた」というのは安易な依頼の仕方です。引き受ける側もアルバイト感覚で軽い気持ちで同行してくるでしょう。たとえ、好意で引き受けてくれたとしても、きちんと報酬を支払うべきであり、依頼するからには万一トラブルが起った場合の責任の所在も明確にしておくべきでしょう。

■学生アルバイトや友人のボランティア通訳に責任は負わせられない

「友人にお願いして現地の大学に留学している日本人留学生に通訳を頼みました」

「友人の紹介で日本語能力試験一級を持っている大学院生（中国人）に通訳をお願いしました」

「知り合いが通訳を手伝ってくれることになっていて、ご好意に甘えることになりました」

学生アルバイトや友人がボランティア的に通訳を行うというケースも注意が必要です。

ここでのチェックポイントは、経験とスキル、専門用語理解、通訳としての責任の自覚の3つです。

通訳には「語学力」だけではなく、「主張する力」や「折衝能力」が求められます。業界の専門用語が理解できるかどうかもチェックポイントです。また、ビジネス折衝の経験やネットワーク力も重要なスキルの１つであると言えるでしょう。

学生であれば豊富なビジネス経験は期待できません。万一、通訳の知識不足やスキル不足が原因でミスコミュニケーションが起こってしまったとしても、その責任を学生アルバイトやボランティアの友人に負わせることはできないでしょう。

プロの通訳であれば、未知の分野であっても事前に十分な下調べをしてから通訳に臨みます。ビジネス折衝を任されている責任も十分に理解しているはずです。業界用語や技術用語、専門的な知識から双方の会社概要まで、事前に下調べをしてくるのがプロの通訳です。

つまり、これが通訳としての「責任の自覚」です。

もし学生や友人に通訳を依頼する場合は、事前の打ち合わせをプロの通訳を雇うとき以上に時間をかけてしっかり行うことをお勧めします。事前に関係資料などを提供しておくこともよいでしょう。

また、本人が好意で引き受けてくれたとしても、必要な対価はきちんと支払うべきです。これも「責任の所在」を明確にするためです。仕事は仕事としてきちんと依頼し、報酬は報酬としてきちんと支払うべきです。責任と報酬も明確にしておくべきです。

仕事の後で「いい経験になりました」「今回はいろいろ勉強させていただきました」と言う通訳がいます。しかし、私はこの言葉にたいへん違和感を持ちます。ビジネスは真剣勝負の場です。何かを学ぶ場ではありません。こちらが真剣勝負で臨むビジネス折衝の現場を学習の機会にされてしまってはたまりません。

■相手の通訳を使うことは論外、通訳との事前準備を綿密に

「先方に日本語ができる通訳がいるので大丈夫です」

「いつも先方が通訳を準備して待っているので、こちらは通訳を手配しなくてすんでいます」

これは論外です。交渉の相手側が準備する通訳に頼るのは絶対にやってはいけないことです。相手が準備する通訳に任せるということは、その交渉を放棄しているに等しい行為です。

「えっ？　先方にせっかく日本語ができる人がいるのに、なぜいけないの？」

「通訳は連れてこなくていいといつも言われているのでいつも助かっている」

そもそも何が問題なのかに気がつかないことからして問題です。絶対に避けるべき危険行為です。信じられないかもしれませんが、実はこういうケースが意外と多いことに驚かされます。

通訳は「最高の味方」であり、「最強の戦力」です。中国側の通訳は基本的に中国側の立場

で発言します。相手の通訳に頼るということは、戦わずして負けを認めたことと同じです。たとえ、相手が「通訳の準備は不要」と言っても、通訳は日本側できちんと準備すべきです。相手が準備する通訳には頼ってはいけないのです。

仮に、ミーティングのテーマが友好的な交渉であっても、相手が合弁パートナーであっても、通訳は自前で準備するべきです。ビジネス折衝や交渉であれば、なおさら「味方」になる通訳が必要です。相手が準備する通訳に頼ってはいけないのです。

繰り返しますが、「通訳は単に言葉を訳すだけ」という認識では不十分です。通訳に何を期待するか、通訳をどう選ぶか、そしてその通訳をどう使いこなすか、ビジネス折衝や商談に臨む日本側のスタッフ全員で改めて考えてみてください。

通訳選びは商談や交渉ごとの成否を左右すると言っても過言ではありません。

【ポイント】良い通訳の条件、3つのチェックポイント
・ビジネス折衝や商談通訳など、通訳経験を事前チェック。
・技術用語や業界用語、専門的な知識や用語理解など、専門用語理解を事前チェック。
・責任の自覚、事前準備に意欲的に取り組む姿勢があるか、通訳の資質を事前チェック。
・相手の通訳を使うビジネス折衝や商談は絶対に避けるべき危険行為。

4 こんな通訳には要注意

通訳のスキルと経験、そして個性と人間関係をしっかりチェック

■しゃべり過ぎの通訳に要注意

「（まじめな通訳だな）」と長居さん（仮名）は感心して通訳の様子を見ていました。長居さんのコメントをメモした言葉を熱心に中国側に伝える様子が伝わってきます。

「（言葉もはきはきしているし、結構しっかりしているじゃないか）」

しかし、ちょっと話が長いのが気になります。

「（あんなにたくさん話をしたかな）」と今度はだんだん不安になってきてしまいました。

話し手が1分ぐらいで話した内容を3分も5分も時間をかけて説明する通訳がいます。時には、話し手が「ひと言」しか言っていないのに、通訳が延々と話し続けるのです。

「いったい何を話しているんだろう」

「言いたいポイントをきちんと伝えてくれているだろうか？」

話し手の不安な気持ちは大きくなるばかりです。話し手が通訳が訳している中国語の内容を確認できなければ、不安を募らせても通訳が終わるまで待つしかないのです。

好意的に解釈するならば、通訳は話し手の言葉の行間を読んで補足を交えて伝えようとしているとも考えられます。話し手が言いたいことを先回りして、相手に伝えようとしているのかもしれません。しかし、それにしても通訳の話が３分も５分も続くと我慢の限界を超えます。

通訳が勝手に自分の意見を伝えているかもしれません。中国語で内緒話をしていたり、もしかしたら相手側の立場に立って何やら話し込んでいるのかもしれません。

あまりにも長すぎると思ったら、話し手は遠慮せず通訳の話にストップをかけることが必要です。話し手を不安な気持ちにさせるような通訳は、通訳として失格でしょう。

■場を仕切る通訳に要注意

ミーティングでまるで司会者か議長のように場を仕切る通訳がいます。ある意味ではパワフルでたいへん頼もしく思いますが、あんまり出しゃばり過ぎや仕切りたがりも考えものです。

話し手が話した内容に加えて、自分の意見や勝手な解釈を交えて訳す通訳であるとすれば、それは通訳として失格です。通訳は訳す内容に自分の意見を交えないことが基本原則です。

通訳が相手の発言を訳しているのか、自分の意見を交えているのか、これを混同しないために、私は通訳との間で「コメント宣言」という約束をしておきます。

つまり、通訳が自分の意見を言いたいときは、話し始める前に「私の考えを言わせていただいてよいですか」というひと言を通訳に言わせるのです。この約束は、通訳が自分の意見を交えて訳したり、通訳に自分勝手なコメントを言わせないようにするためです。出しゃばり通訳や仕切りたがり通訳をコントロールするためのものです。

しかし、もしも通訳から情報やコメントを得たいならば、通訳との事前の打ち合わせで十分な情報交換の機会を作っておくべきでしょう。通訳との信頼関係作りにも役立ちます。

■わからない箇所を故意に飛ばしたり、意図的にごまかす通訳は論外

通訳がしゃべり過ぎる逆のケースもあります。話し手の伝えたいことを自身の判断でコンパクトに要約してすませてしまう通訳です。

もし、話し手が伝えたいポイントをきちんとまとめて要約できる通訳なら問題ありません。

しかし、通訳しやすいところだけを話を短く縮めて伝えたり、訳しにくいところを曖昧なま

ましておいたり、わからない言葉や訳しにくい内容があるとその部分を故意に飛ばしてしまったり、ごまかして訳す通訳がいます。経験が浅い通訳によくあることです。

通訳の仕事は話し手が伝えたい内容を正確に伝えることです。わからない内容を自分勝手に解釈したり、想像で訳したり、自分の意見や解釈を入れて訳すようでは通訳として失格です。これは「語学力」の問題ではなく、通訳としての責任、通訳としての資質の問題です。

わからない内容があったとき、通訳は「話し手の言葉にストップをかけて確認する」という姿勢が必要です。話し手側も通訳に対して「聞き取れなかった内容は必ず確認するように」と伝えておくべきでしょう。

■通訳のメモを意識して話す、キーワードを繰り返す

もし、あまり経験のない通訳を使うときには、通訳がメモを取りやすい話し方を意識しながら話を進めてみることを心掛けてみてください。きちんとメモが取れているか、通訳にとって難しいフレーズを使っていないか、話し手側が意識しながら言葉を選ぶことも必要です。

また、話をするときに通訳の表情を見ながら話すと、通訳の理解度をチェックすることができます。フレーズの区切りで通訳の表情をチェックするのです。理解できない言葉があれば、

その場で補足することができます。

また、伝えて欲しいキーワードは念を押して伝えるというのも1つのテクニックです。

「これはキーワードです。中国側に必ず伝えてください」

このように話し手側が通訳に要求するのです。

さらに、相手に伝えたいポイントは繰り返して言うという方法もあります。

「繰り返しになりますが、この点はぜひ強調したいポイントです」

このように繰り返して訳して欲しいポイントを強調するのも1つのテクニックです。

最終的には、話し手が伝えたいポイントが伝わっているかどうか、中国側に質問の形で問いかけます。この方法も極めて有効な方法です。質問という形で内容確認をする方法です。

「先ほど説明した○○○についてですが、ひと言コメントをいただけませんか?」

これは質問の答えを聞くことが目的ではありません。内容が伝わっているか、通訳がちゃんと訳して伝えているか、中国側に正確に伝わっているかどうかを確認することが目的です。

■優秀な通訳は要約の技術でわかる

逆に優秀な通訳は要約が上手です。ポイントを的確に抽出して、きちんと要約してくれます。

聞き取る技術、まとめる技術、伝える技術の３つを兼ね備えています。私の友人にも、日本側が伝えたい要点を見事に要約して伝えてくれる通訳がいます。

ある日、ミーティングで論点の定まらない話を長々とする日本人がいました。彼女は話し手の演説（？）を制止せず、話が終わるまでメモを取りながらじっと聞いていました。同じフレーズを何度も繰り返し、正直言って何を言いたいのかよくわからないスピーチでした。

話が終わると彼女は話のポイントを見事に要約して中国側に伝えました。私は注意深く彼女が訳した中国語を聞いていましたが、ポイントに過不足なく、尾ひれもなく、話し手の考えを見事にまとめた内容でした。まるで本人の潜在的な考えを引き出したような訳です。

私は通訳として彼女に絶大な信頼を寄せています。私の重要なビジネスパートナーです。重要なクライアントからの依頼はいつも彼女に通訳をお願いすることにしています。


【ポイント】要注意通訳への対処法のまとめ
・話が長すぎる通訳、しゃべり過ぎる通訳には遠慮なくストップをかける。
・通訳は訳す内容に自分の意見を交えない「コメント宣言」の約束を。
・通訳がメモを取っているかをチェック、通訳がメモを取りやすい話し方を意識して話す。
・伝えて欲しいキーワードは念を押して繰り返し伝える、中国側への質問の形でチェックする。

5 通訳を使う側の注意点〈1〉

フレーズは短く区切って伝える

通訳が理解できないことは相手にも伝わらない

■【事例】長々と続くスピーチは通訳泣かせ

ここで事例を紹介します。現地での企業訪問で中国側から出た「中国企業が日本市場開拓で注意すべきポイントは何か?」という質問に対する、ある日本人の答えです。論点が迷走する通訳泣かせのスピーチです。

「中国企業が日本市場に製品を売り込むことはなかなか難しいことですが……、まず日本側に信頼できるパートナーを探すことが必要で……、そのためには日本の展示会に日本市場で売りたい製品をピーアールすることも重要であり……、信頼感を与えるためには日本に事務所を設立し……、営業スタッフは日本人を採用することもポイントで……、日本企業に対して信頼感と安心感をアピールすることが大切なポイントだと言えるでしょう……」

「日本の〝継続は力なり〟という言葉をご存知でしょうか……、展示会への出展を一回だけのことに終わらせないで……、日本市場開拓への継続した姿勢を示し……、日本担当のスタッフが頻繁に代わることもよくないし……、何よりもこの担当者が日本語ができることが日本企業にとっては大切なことです……、日本市場の開拓はそんなに簡単ではありませんが、よい製品を持っている中国企業にとって可能性はまったくないとは言えないでしょう」

みなさんの会社にもミーティングで、こんな話し方をする上司の方（？）がいらっしゃいませんか？

このように話し手が2分も3分も長々と話を続けることがあります。時にはすっかり演説になってしまうことがあります。話し手が通訳を使うことに慣れていない場合ほど、こうなるケースが多いようです。このようなとき、通訳は話し手の話を遮って通訳に入るタイミングを計りかねているはずです。実は、これは話し手側で注意すべき問題なのです。

■フレーズは短く、結論を先に、ポイントは3つに

前出のスピーチを通訳が訳しやすいように言い換えてみましょう。

「**結論から言いますと、**日本市場の開拓はたいへん難しいことですが、よい製品を持っている

中国企業にとって可能性は十分にあります。日本市場の開拓で大切な**ポイントは3つです**」

「キーワードは〝信頼感〟〝安心感〟〝継続性〟、この3つです」

「まず、〝**信頼感**〟とは、日本に事務所を持つことでしょう。日本で本気で業務を行っていく継続性を示すことです。そして、営業スタッフに日本人を採用することも大切なポイントです」

「次に、〝**安心感**〟とは、日本の展示会に日本市場で売りたい製品をピーアールするだけでなく、日本側に信頼できるパートナーを探すことが必要でしょう」

「日本担当のスタッフが頻繁に代わるのもよくないことです。何よりもこの担当者が日本語ができることは日本企業にとっては安心感になります」

「そして、〝**継続性**〟とは、展示会への出展を一回だけに終わらせないで、継続的に日本市場を開拓する取り組みを示すことです。〝継続は力なり〟という言葉があります。継続が信頼感や安心感にもつながるのです。日本市場開拓についてこれが私の考える重要なポイントです」

いかがでしょうか。通訳が訳しやすいスピーチになったのではないでしょうか。

「逐次通訳」では通訳は記憶して（メモを取り）、内容を把握して、ポイントを整理し、適切な言葉に置き換えるという作業を短時間に頭の中で行っています。フレーズが長すぎると通訳は話の内容を把握し切れなくなります。重要なポイントを訳し切れなかったり、重要な単語を聞き逃したりすることがあります。どんなに優秀な通訳でも負荷が大きくなります。

　したがって、フレーズごとに主張したいポイントを明確にして、できるだけ短くフレーズを区切って話すことが通訳を上手に使う基本です。これは話し手が意識的して実践することです。話す内容をまとめて、適度な長さで区切って、通訳を意識しながら通訳が訳しやすい話し方を心がけてみましょう。伝えたいことをできるだけ短いフレーズに区切り、時にはキーワードを設定して、通訳にこのキーワードを強調します。

　さらに、第1章で取り上げた「1＋3主張法」を取り入れてみましょう。通訳を使うときもこの主張法をぜひ実践してください。

■日本語の会話には「主語」がない

Aさん「今晩、時間ある？」
Bさん「はい、ありますよ。何か用事ですか？」
Aさん「飲みに誘いたいと思って。よかったら一緒に行かない？」
Bさん「ごめんなさい。ちょっと用事があって、今日は行けないです」
Aさん「そうか、じゃまた今度誘うね」

　何気ない会話ですが、「主語」がありません。2人の間の会話では「主語」がすべて省略されているのです。もし、2人の会話に〈あなた〉〈わたし〉を加えると日本語としてたいへん不自然な会話になってしまいます。日本語は「主語」を省略しても会話が成立するのです。

しかし、中国語では「主語」の省略ができません。主体が「私」であり、対象が「あなた」であることがわかっていても省略せず、「我」（わたし）、「你」（あなた）という言葉を明確に伝えます。会話の主体が誰なのかが明確であり、自己主張がしやすい言語なのです。

通訳を介して話すとき、この「主語」を意識しながら話をしてみてください。「私」の意見なのか、「私たち」の意見なのか、または「会社の考え」なのか、「日本の社会」で言われている一般的な常識なのか、主体が誰なのかを意識しながら会話を進めてみてください。

「私は～」「私たちは～」「チームの考えは～」「上司の意見は～」「会社の方針は～」「社長の意向は～」「新聞の報道では～」「一般的な見方では～」など改めて考えてみると、いったい誰の主張なのか、無意識に使っている日本語が極めて曖昧な表現であることに気づくはずです。

話の主体が誰なのかを曖昧にしたまま話を進めると、思わぬコミュニケーションギャップを引き起こすことにもなります。「自分の考え」なのか、「会社としての見解」なのか、「世間一般的な見方」なのか、曖昧なまま話が進むと、後でトラブルの原因にもなりかねません。

「あのとき誰かがこう言った」「いや、私はそう言ったつもりはない（私の考えではない）」とか、「そういうつもりで言ったのではない」「いいえ、私にはこういう風に聞こえた」などなど。

一方、中国語では、話の主体が「我」（わたし）なのか、「我們」（わたしたち）なのか、「你」（あなた）なのか、「你們」（あなたたち）なのか、「大家」（みなさん）なのか、「総経理」（社長）なのか、話の主体と、対象が「誰」なのかを明確に表現して会話を進めます。

みなさんも自分の考えを伝えるときに、私の意見なのか、みんなの意見か、会社の考えなのか、一般論として常識的な考えを述べているか、誰の考えを誰に伝えたいかを意識しながら会話を進めてみてください。つまり、「主語」を意識するということです。

もちろん、こちらの意図を悟られたくない場合や曖昧なまま相手を煙に巻きたい（？）場合は別です。「交渉術」の手段として、話の主体を曖昧にしたまま話すという方法もあります。

しかし、通訳を介して相手とコミュニケーションをとる場合は、話の主体を曖昧にしないでできるだけわかりやすい日本語で伝えるべきです。

【ポイント】通訳を使う側が注意すべきこと〈その1〉

・フレーズごとに主張したいポイントを明確にして、できるだけ短くフレーズを区切って話す。
・適度な長さで区切って話す、通訳を意識しながら話す、キーワードを設定して話す。
・日本語は「主語」を省略しても会話が成立する言葉。
・話の主体が誰であるか、意識的に「主語」を意識しながら話すことを心がけてみる。

通訳を使う側の注意点〈2〉

6 曖昧な表現、二重否定や多重否定を使わない

自分自身で整理できていないことは通訳にも伝わらない

■「おっしゃりたいことはわからないわけではないですが」

「おっしゃりたいことはわからないわけではないですが」

これは「わかる」のでしょうか？「わからない」のでしょうか？

日本人は、相手の考えに一定の理解を示しながらも十分に納得していないときにこのような言い方をします。しかし、この言葉の持つ行間や微妙なニュアンスまで通訳に訳させるのはなかなか難しいことでしょう。

相手に共感の姿勢を示していますが、「……ですが」の後には、必ず自らの主張が続きます。日本語はストレートな言い方で意思表示するより、まずは相手に「共感の姿勢」を示します。曖昧な表現や遠回しな言い方で、相手がこちらの意向を悟ってくれることを期待するのです。

日本人同士であれば、話し手の様子や言葉の語感から微妙なニュアンスを読み取り、話し手の意図を推測します。これが「空気を読む」ということです。たとえば、相手に譲歩を迫る場合でも、相手が自らの判断で譲歩を決めることを期待するのです。

しかし、曖昧な表現を避け、「言うべきことははっきり言う」のが中国人とのコミュニケーションの基本です。「私は別の意見があります。それは、○○○です。しかし、あなたの考えの△△△の部分は理解できます」と言い換えたほうがよいのではないでしょうか。

先に自分の意見を告げる。そして、次に相手に対する一定理解を示し、双方の妥協点を探る。こういう話し方をしたほうが、通訳も訳しやすいはずです。

「できないわけではないのですが、はっきりできると申し上げるわけにはいきません」

「できないわけではないのですが、はっきりできると申し上げるわけにはいきません」

これは「できる」のでしょうか？「できない」のでしょうか？　これも曖昧な表現です。「時期尚早である」「まだ自信がない」「本気でやるつもりはない」という気持ちが感じ取れます。つまりは「できない」ことを伝えたいのかもしれませんが、通訳が果たしてこのニュアンスを中国側にうまく伝えることができるでしょうか？

「通訳泣かせ」の日本語にならないよう、
意識してわかりやすい言葉を使おう

通訳の誤訳や相手に対する誤解を避けるために、もう少しストレートな表現をするべきです。通訳が迷ってしまうような表現、通訳に判断を委ねるような表現は極力避けるべきです。

できないのなら、まずは「できません」と相手に結論からはっきり伝えるべきです。「この件はまだできません。しかし、実現するためには○○○という条件が必要です」と、「できない」という明確な意思表示をした後、もう一歩踏み込んで実現するための主張を明確に伝えるべきでしょう。

もし、意図的にはっきり伝えたくないとか、お茶を濁して時間を稼ぎたい場合なら、それは交渉術のカードの1つです。通訳とも事前に打ち合わせをしておき、解釈と判断を通訳に委ねるような話し方は避けるべきでしょう。これは話し手側が意識的に注意したいポイントです。

■日本人の使う「カタカナ英語」を中国人通訳は訳せない

「このマーケティングプランはクライアントのニーズをヒアリングしてターゲットを絞り込み、社内でコンセプトのディテールまで十分にディスカッションし、プレゼンいたします」

これも通訳泣かせの日本語ではないでしょうか。英語も上手だという通訳に配慮したつもり（？）かもしれませんが、逆に通訳を混乱させる結果を招きます。

日本人の話す「カタカナ英語」の発音は中国人にはたいてい通じません。さらに日本人が使う英単語の中にはいわゆる「和製英語」がたくさんあります。会社のミーティングでよく使われるコンセプト、リストアップ、アンケート、イメージアップ、アフターサービス、スタンドプレーといった言葉も「和製英語」で、中国人通訳の英語力が高くてもまったく通じません。

中国人の通訳を使う場合は、無理に英語にしないで素直に日本語の単語で表現するほうがよいかもしれません。これも話し手側が注意したいポイントです。

前述の言葉は「この市場開拓の計画は顧客の要求を聞き取って目標を絞り込み、社内で詳細な方針を十分に協議し、提案させていただくものです」と素直に日本語に置き換えて伝えるべきです。中国人の通訳にとってもこのほうが絶対にわかりやすいはずです。
最後に「わかりました」の使い方にも要注意です。不用意に使う「わかりました」は、相手に思わぬ誤解を与えます。相手に「わかりました」と告げるとき、意図を十分理解して賛同し行動を伴う「わかりました」なのか、または意図を理解しただけの「わかりました」（行動は伴わない）なのか、または相手の主張をちゃんと聞いていますよという「わかりました」（聞いてはいるが、十分納得していない）なのか、時には「相づち」だけで実は人の話をまったく聞いていないということもあります。日本語の「わかりました」には４つの意味があります。「わかりました」を使うとき、どのレベルの「わかりました」なのかを話し手が意識して、通訳が訳しやすい伝え方をするべきでしょう。

【ポイント】通訳を使う側が注意すべきこと〈その2〉
・二重否定や多重否定、曖昧な表現は使わない。
・通訳に解釈と判断を委ねるような話し方は避けるべき。
・日本人の「カタカナ英語」は中国人通訳には通じない。素直に日本語に置き換えて伝える。
・「わかりました」の使い方に注意する。

7 通訳との事前打ち合わせは不可欠
4枚の事前準備シートを使って通訳と打ち合わせを

■事前の十分な打ち合わせを

中国での展示会の視察や企業訪問の際に、アポ先で通訳と初顔合わせというケースがよくあります。事前の打ち合わせをまったくしないままビジネスに臨むケースです。

ビジネス折衝や商談ではない、展示会の視察やヒアリングを目的とした企業訪問であっても、出張の目的や会社の意向を伝えるなど、通訳との事前打ち合わせは必須です。通訳との打ち合わせなしにビジネスの成功は望めないと言っても過言ではありません。

どんなに優秀な通訳でも、事前打ち合わせが不十分ではその能力を十二分に発揮することはできません。逆に、優秀な通訳であれば事前打ち合わせを必ず要求してくるはずです。プロの通訳者であれば、その責任と自覚によって打ち合わせが必須であることを知っているからです。

自社の紹介や製品の簡単な説明なら通訳に事前に説明しておき、当日は通訳に任せてしまいましょう。複数の訪問先を回らなければならない場合などは時間の節約にもなります。

■4枚の事前準備シートを共有しておく

第4章で説明した4枚の事前準備シートを通訳との間でも共有しておくことをお勧めします。ビジネス折衝や交渉に臨む前に通訳も交えて打ち合わせが行えたら理想的です。ビジネスの現場を回ってみると実践している企業もあります。

まずは日本側の立場と中国側の立場とその背景についての説明、交渉のテーマについて、論点になることが予想されるキーワードについても意識合わせをしておきます。

次に、ビジネス折衝や交渉で勝ち取るべき目標について、ファーストベストの結果、セカンドベストの結果、さらに想定される最悪のシナリオについて、最悪のシナリオに陥った場合の対処法について、最悪の状況を避けるための注意点について、通訳に説明をしておきます。

「捨て札」や「切り札」について、日本側と中国側それぞれの「強み」と「弱み」について、通訳に説明することでスタッフ間の意識合わせにも役立ちます。

さらには、交渉に臨む日本側のメンバーと中国側のメンバーについて、中国側のキーパーソンについて、さらには中国側のキーパーソンの日本語能力や異文化理解力、日本企業とのビジネス経験など、時間が許す限り打ち合わせの時間を持ち、通訳に情報を提供しておきます。

専門性の高い用語や難しい言い回しなども事前に確認しておくべきです。また、話の流れや説明のポイントも事前にひと通り説明しておき、通訳させる場面では話し手が詳細な説明をしなくても、通訳が相手に直接伝えることができるようにしておきます。

そうすれば、話し手は通訳が訳している間に相手の表情を観察したり、相手が通訳の説明にどのような反応を示すか、どのポイントでメモを取っているかなど、中国側をじっくり観察することができます。余裕を持ってビジネス折衝や商談に臨むことができるのです。

繰り返しますが、通訳との事前打ち合わせは必須です。十分に時間を割いて事前の打ち合わせを行ってください。

【ポイント】通訳との事前準備

・通訳と現地のアポ先での初顔合わせは避けるべき。
・ビジネス折衝や商談であれば、通訳との事前打ち合わせは必須。
・会社紹介や製品説明の内容は事前に通訳に把握させておくべき。
・４枚の事前準備シートを共有、通訳にも把握させて商談に臨むことができたら理想的。

8 通訳を「最強の戦力」として活用する

ビジネスの現場のブリッジコーディネーターとして有効活用する

■同一地域への出張では指名できる通訳を探す

同じ地域に頻繁に中国出張がある方は、出張先での通訳を1人決めておくことをお勧めします。いい通訳に巡り会えたら、出張のたびに「指名」するのです。いい通訳とはできるだけ長くつきあっていくべきとアドバイスしています。

最初は公的機関から紹介されたり推薦された通訳を何人か使ってみるのもいいでしょう。現地に友人がいれば、友人からの紹介で通訳を使ってみるのもいいでしょう。

そして、出張先で信頼できる通訳が見つかれば、できる限り同じ人物を通訳に起用することをお勧めします。あなたのビジネスを知り、あなたの会社の事情を知り、繰り返し担当することによって経験を積み、より強力な戦力、より力強い味方になるはずです。

私は指名通訳を「ブリッジコーディネーター」として有効活用することをお勧めしています。

ブリッジコーディネーターとは、基本的な異文化理解のスキルがあり、折衝能力があり、幅広いネットワークを持つコーディネーターです。通訳としてだけではなく、事前の情報収集や下調べ、現地でのアポ取り、その後のフォローまで任せられるコーディネーターです。

優秀な通訳が見つかったら、現地での通訳費用だけでなく、帰国後も予定のコーディネーター費用を支払って、帰国後のフォローや再出張時の事前準備などを依頼するのです。現地にスタッフを1人抱えたような感覚でビジネスのサポートをお願いするわけです。実務的即戦力として社員を増やすよりも遥かに安いコストで戦力の補強ができるはずです。

■ビジネスパートナーとして通訳とは長くつきあう

実際に、ブリッジコーディネーターの自宅住所を活用して、現地でビジネスフォローをするための臨時事務所を置いている企業のケースがあります。担当者が現地に出張するとき、ホテルの予約、移動の車の手配、お客様との会食の手配（レストランの予約）から招待者への連絡まで、ブリッジコーディネーターに任せているケースもあります。

ブリッジコーディネーターにサンプルを預けて、お客様からの問い合わせ先にサンプルを郵送させたり、必要に応じてブリッジコーディネーターを取引先に行かせて製品説明を代行させているケースもあります。まさに現地に準社員的なスタッフを1人抱えた感覚です。

たとえば、現地視察や展示会へ出展する場合、ポスターや配布物などのツール作り（現地での印刷手配）、出展の準備や企業訪問の手配、会期中の通訳手配（アルバイトのビラまきやブースでの接客通訳）、会期後には収集した名刺の整理や中国語でのお礼状の準備と発送など、すべて現地のブリッジコーディネーターに業務委託しているケースもあります。

中には、現地の連絡事務所を現地法人に格上げ（法人設立）するとき、優秀なブリッジコーディネーターをそのまま社員に雇ってしまったというケースもあります。優秀な通訳はブリッジコーディネーターとしても優秀なのです。同時に、優秀なブリッジコーディネーターはネゴシエイター（交渉人）としても優秀なのです。

■通訳は「最大の味方」、通訳は「最強の戦力」

通訳の善し悪しがビジネス折衝や交渉の方向性や行方を大きく左右します。通訳を使う側もその注意点を十分意識して通訳と接することが必要です。そして、通訳との事前準備にはぜひ「4枚の事前準備シート」を活用してみてください。通訳と信頼関係を築き、相互理解を深めるためにも十分な打ち合わせの時間をとることが重要です。

「通訳は単に言葉を訳すだけ」という認識でなく、ビジネスパートナーとして長くつきあえる通訳を見つけ出し、みなさんのほうからも積極的に関わって通訳を育てていく姿勢が大切です。優秀な通訳を探し、最強の戦力の一員として通訳を有効に活用して、ぜひビジネス折衝や交渉に臨んでください。

【ポイント】通訳をブリッジコーディネーターとして活用する

・同一地域への出張の際は指名できる通訳を探す。
・ブリッジコーディネーターの3要素は、異文化理解力、折衝能力、幅広いネットワーク力。
・ブリッジコーディネーターに事前の準備から現地でのアレンジ、帰国後のフォローも委託。
・ブリッジコーディネーターを現地で準社員的にスタッフとして有効活用。

【コラム④】

お土産の値引きの交渉テクニック〈2〉本格交渉

中国側の希望価格を120～150元と感触を掴みます。ここからが値引き交渉の本番です。まず「まとめて買うから安くして」と交渉します。表示価格は200元です。「3つ買うから500元にして」「5つ買ったら750元にならないかな」と迫ります。ここは奇数個で迫るのがポイントです。「7個で850元はどう？　9個ならいくら？　13個では？」となるべく割り切れない数字で迫るのがコツです。頭の中では素早く850÷7の単価計算をします（くれぐれも自分が混乱しないように）。

次に「まとめて買うんだから何かおまけを付けて」と迫ります。キーホルダーとか、本のしおりとか、お店に並べてある品物から選びます。なるべく単価が安い手軽なものを見つけて交渉するのがポイントです。

商談がまとまりかけたら、最後に「やはり2つでいいです」と言って、850÷7×2を素早く計算し、250元を渡して「おつりはいいから」と言って品物とおまけを受け取ってくるというシナリオです。最後で買う個数を2つにするか、3つにするかは状況次第です。私はお土産店で「やはりひとつだけでいいです」という商談を何度もまとめました。

もちろん、品物によって、場所によって、品物の値段によっても状況は異なります。店員さんの性格や相性によっても違うでしょう。成功するかどうか、実践するかどうか、あくまでも自己責任で試してみてください。私の場合、たいてい世間話に持ち込んで話を進めます。その町の様子やおばさんの仕事の話を聞かせてもらうとけっこう楽しいおしゃべりになります。結局は何も買わないのに、帰りがけにおまけのしおりをくれたおばさんもいました。d(>_・)

第6章

交渉によって結果を勝ち取るために

1 交渉術3つのアドバイス

「事前準備」の大切さ、「第一主張」を明確に、「主張」と「傾聴」のバランス

■交渉術コースでアドバイスする3つのポイント

私は、日本企業の中国ビジネス担当者や赴任者予定者などを対象に「中国ビジネススキルアップ研修」の「交渉術コース」を実施しています。このワークショップで実施する「交渉シミュレーション」で受講生のみなさんに必ずアドバイスしているポイントがあります。ぜひ、本書の読者のみなさんにも知っていただきたいポイントを3つにまとめてみました。

第一のポイントは、「事前準備」です。

ビジネス折衝や交渉に臨む前に、4つの事前準備シートをぜひ活用してみてください。①「3つのテーマ設定と論点の予測」、②「譲れるポイントと譲れないポイント」、③「〝強み〟と〝弱み〟の確認」、④「交渉のシナリオ設計」、これが4つの事前準備シートです。

交渉が始まると④「交渉のシナリオ設計」が交渉の「基本台帳」になります。この「基本台帳」は交渉の進捗状況や環境の変化に合わせて随時見直すことが必要です。テーマ設定、論点の仕分け、「譲れるポイント」の再検討、「強み」と「弱み」の再確認、さらに中国側が「弱み」を攻撃してきたときの対処法、「臨界点」の修正、最悪のシナリオの対処法など、修正すべきポイントがあればどんどん修正を加えていきます。

第二のポイントは、「第一主張」です。

日本側から中国側に最初に伝えたい「第一主張」をまず相手にガツンと伝えてください。交渉術コースの交渉シミュレーションでは最初に言うべきことをしっかり伝えていないというケースがたいへん多いです。何を要求したいのか、何をして欲しいのか、何が問題なのか、何の目的で交渉に臨んでいるか、まずは中国側にしっかり主張します。せっかく「第一主張」を話し始めても、相手の発言に遮られて中途半端になってしまうことがあります。「ちょっと待ってください。言いたいことがまた終わっていません。もう少し話を聞いてください」と時には相手の発言を遮って主張することも必要です。

第三のポイントは、「主張」と「傾聴」のバランスです。

これも日本人が苦手とするところです。時には積極的に日本側の主張を行います。時には徹底的に中国側の主張を聞く姿勢を示します。この２つをしっかりとメリハリをつけて行うということが重要です。主張をするときは話し方、伝える内容のポイント整理、説明の仕方、資料の見せ方、声の出し方、表情やしぐさなども工夫してみてください。「傾聴」の姿勢を示すときには徹底的にメモを取ることです。聞く姿勢の表情やしぐさ、相づちなども重要なポイントです。

【ポイント】交渉術コースにおける交渉シミュレーションのアドバイス

・交渉の「事前準備」をしっかり行う、4つの事前準備シートを活用する。
・「第一主張」を中国側にはっきり告げる。
・「主張」と「傾聴」のバランス、2つのメリハリを考える。
・話すときの「表情」や「しぐさ」、聞くときの「表情」や「しぐさ」「相づち」も工夫する。

2 どんな小さなビジネスでも「契約書」はしっかり交わす

契約を守らせるカギは、「契約書」ではなく、人と人との信頼関係

■中国ビジネスでは契約書を交わしても意味がない？

「契約書にそんなに細かな記載は不要です。私を信用してください」

こう中国側に言われて、簡単な契約書だけでビジネスをスタートさせた方がいました。

「契約書を作っても、どうせ相手が守らないから、最低限の文面だけにした」

こういうケースも数多く見てきました。

「私は何度も中国人に痛い目に合わされた経験を持っています。中国では契約はあってないようなものです」

「中国人は約束を約束だと思っていない人たちですね。〝事情が変わった〟のひと言で一度取り決めたことでもすぐに覆してきます」

「どうせ契約を守らないんだから、〝契約書〟なんて交わす意味はないじゃないですか」「きちんと約束を守ってくれる人もいるし、何度言っても守ってくれない人もいます。約束を守ってもらうことはなかなか難しいと思いますが、約束を守らせるコツは日本側から〝約束を守らせる〟という強いメッセージを発することが必要です」

以上は交渉術コースに参加した受講生のコメントです。みなさん、中国ビジネスにおける「契約書」の意味について疑問を持っているようです。

■「契約書を交わしても意味がない」と考えるのは間違い

「どうせ契約を守らないのだから、契約書を交わしても意味がない」と考えることは間違いです。ビジネスはやはりきちんと「契約書」を交わして進めるべきです。意味がないことではありません。

よく中国は「法治主義」ではなく、「人治主義」の国だと言われることがあります。

確かに法律の解釈や判例に地域差があったり、裁判官によって結果が違ってしまったりする場合があることは否めません。「中国は契約社会ではない」と公言する人もいます。

しかし、だからといって「契約書」に意味がないかというと、そんなことはないのです。

むしろ中国では「契約書」に書いてあることがすべてです。中国では判例が少ない上に、判例が裁判官の判断に左右されることが多いために、日本や欧米よりもむしろ中国のほうが「契約書」に書いてある内容が重要な意味を持つのです。

基本的に裁判所が、書面にはない口頭で合意した内容を事実と認定することはありません。日本で行われる裁判のように、判例や常識に基づいて事実の認定や間接事実の状況確認による事実の認定は行われないと言ってもいいでしょう。

合意内容や違約の際の対処方法は丁寧に「契約書」を書くべきであり、仮に裁判を起こさなければならない場合、「契約書」の記述内容が持つ意味はたいへん重要なのです。

また、「契約書」には合意内容だけでなく、万一契約に問題が生じた場合の対処方法もしっかりと記載するべきです。

■「契約書」を交わすことはビジネスのスタートライン

「やっと交渉がまとまった。これでひと安心」と胸を撫で下ろす人がいます。

「何とか契約書を交わすところまで漕ぎ着けることができた。もう大丈夫」と考える人もいます。

「契約書」をビジネス折衝や交渉のゴールと考える人がいます。

しかし、これも大きな間違いです。

「契約書」を交わすことはビジネスのスタートラインにすぎません。これからさまざまな事態が待ち受けています。これからがより多難で長い道のりなのです。

ここで「契約書」に盛り込むべき内容をいくつか挙げてみましょう。日本側が見落としがちな項目です。

契約履行の遅延、契約が不履行となった場合のペナルティ、金銭の支払い方法、機密保持と機密保持を犯した場合のペナルティ、権利義務の譲渡禁止、業務の再委託、契約の有効期間、契約解除の規定、契約解除後の拘束、監査方法、万一トラブルが生じたときの解決のための管轄裁判所の明記などなど。このような点に注意して、「契約書」を作成してください。

中国ビジネスは「始めるときより、止めるときのほうが難しい」とよく言われます。長期的な契約を結ぶ場合は、万一、友好関係が壊れたときのことも想定して「契約書」を準備したほうがよいでしょう。

また、「契約書」の条文の最後に「万一、トラブルが発生した場合、甲乙は誠意を以って協議し、真摯な姿勢で解決に努める」というような条文を加えることがよくあります。しかし、この条文はあまり意味がありません。あくまで気休め程度と考えてください。

どんな小さなビジネスでも、やはり「契約書」はしっかり交わすべきです。しかし、中国ビジネスでそれ以上に大切なのは「人対人の信頼関係」です。

「契約書」は「会社対会社」で交わしてビジネスを進めます。しかし、実際のビジネスを現場で動かしているのは「個人対個人」の「信頼関係」です。「契約書」で契約を守らせるのではなく、「人と人との信頼関係」が契約を守らせる鍵なのです。

【ポイント】どんな小さなビジネスでも「契約書」はしっかり交わすべき

・「契約書」を交わしても意味がないと考えるのは間違い。
・合意内容から違約の際の対処方法まで「契約書」には丁寧に記載すべき。
・「トラブルは誠意を持って協議し、真摯な姿勢でその解決に努める」は気休めの言葉と考える。
・「契約書」はビジネスのスタートライン、ビジネスは始めることより止めるほうが難しい。

3 ミーティングでは「議事録」を残すのが鉄則

ミーティングメモは共有し、重要コメントは「発言録」で記録に残す

■ミーティングのメモが「議事録」に、議事録の積み重ねが「契約書」につながる

ミーティングでは必ず「議事録」を残すこと、これは中国ビジネスの鉄則です。

私は、ミーティング中はできるだけホワイトボードを使って、そこに書かれたことをデジカメで撮って記録を残すという方法を実践しています。ミーティングが終わってからプリントアウトしてこのコピーをミーティング記録として共有します。

また、ミーティング中の重要な発言やコメントを1つひとつノートに書き留めておき、「発言録」として記録に残す方法もあります。これもミーティング終了後にノートをコピーして相手に渡し、ミーティングの記録として共有します。

ミーティング中のメモが、会議の「議事録」になります。この「議事録」が最終的には「契

約書」の記載事項につながっていきます。つまり、日々のミーティングメモが重要な意味を持つのです。合意内容の詳細や違約の際の対処方法までしっかり記録に残しておきましょう。

ミーティングのメモ、ホワイトボードの画像、発言録、さらにミーティングのアジェンダ、中国側からの提出資料など、１つひとつの積み重ねが「契約書」につながります。

■ミーティングの冒頭で「メモを取る宣言」を行う

交渉に臨むときの実践テクニックをもう１つ紹介しましょう。

それはミーティングの冒頭で、中国側に「メモを取る宣言」を行うことです。

「今回のミーティングは、市場開拓部の吉岡（仮名）のほうでメモを取らせていただきます」

こう言ってメモを取ることを宣言するだけで、相手のミーティングに臨む姿勢が違ってきます。

メモを取る担当を決めること、メモを取る担当を相手に知らせること、これだけのことですが、重要なポイントです。

「会議の記録は〝議事録〟として残したいと思います。よろしくお願いします」

「中国側も記録係を決めていただけないでしょうか」

「今日のミーティングは記録を残して、後で記録メモを交換したいと思います。どうでしょうか？」

ミーティングの冒頭でこんなふうに中国側に呼びかけてもよいと思います。

また、ミーティングの最中にメモを取ることを呼びかけるという方法もあります。私自身もよく実践している方法です。

「いまのポイントは重要です。ぜひ、メモを残してください」

「いまの発言はメモを残してください。よろしくお願いします」

「これからお話するポイントは、ぜひメモを取りながら聞いてください」

こんなふうに呼びかけてから話を始めます。本当に重要なポイントを強調するにはちょっとお節介なくらいがちょうどいいのです。

ぜひ、みなさんも実践してみてください。

■CCメールには要注意

日本ではミーティングの結果は関係者全員で共有することが原則です。

しかし、中国ではその限りではありません。情報を共有すべき人と情報共有メールを送る必要がない人を見極める必要があります。

中国側のリーダーが情報の共有を望まないケースもあるからです。不用意に関係者全員に情報共有メールを送ると、中国側のリーダーから「止めてほしい」とストップがかかることがあります。情報共有メールを送ることは、場合によっては中国側のリーダーの「面子」を潰す行為になるのです。

誰がこの情報を知っておくべきか、知らせる必要がない情報はどれか、これはリーダーが判断することです。日本のように「情報はみんなで共有するのがよいこと」ではないのです。

不用意に情報共有を関係者全員に送ると、トラブルに巻き込まれることもあるので、要注意です。

■メールで速いレスポンスを促すコツ

中国ではメールのレスポンスが遅い人も速い人も、人それぞれです。

しかし、中には極端に遅い人がいます。催促しないと返信がないケースや「メールを受け取った」という連絡を返してくれないケースもよくあります。

つまり、「わかったのか、わかっていないのか」、そもそも「メールを見たのか、まだ見ていないのか」を知らせてこないケースです。

ここで簡単な実践テクニックをご紹介します。私はメールを送るとき、□イエス、□ノーと書いて送ります。受け取った人は四角を黒く塗りつぶして（例■イエス）送り返してくれるように依頼します。

この効果は絶大です。以前と比べて格段に素早いレスポンスメールが返ってくるようになりました。□イエス、□ノー、どちらかの選択肢なので、コミュニケーションがスムースになります。

また、相手に意見を求めたい場合は「三択法」です。□（選択肢A）、□（選択肢B）、□（選択肢C）でメールを送り、返信は□→■で返してもらう方法です。この効果も絶大です。

【ポイント】ミーティングで記録を残す実践テクニック

・ミーティングのメモが「議事録」に、議事録の積み重ねが「契約書」につながる。
・ホワイトボードを使って議事を進め、「デジカメ写真」で記録を残す。
・重要な発言やコメントを書き留めておき、「発言録」としてコピーを渡す。
・ミーティングの冒頭で「メモを取る宣言」を行う。

４ 「契約」は努力目標と考える中国人

最初から契約を破るつもりはない、「より良い選択」への修正があたりまえと考える

■あなたならどちらの橋を渡る？

河が流れています。河幅の広い比較的大きな河です。

私たちはA地点にいます。上流８キロのB地点に「橋」があります。頑丈な鉄の「橋」です。目的地は向こう岸のC地点です。これからA地点からC地点に向かいます。時間通りに安全に目的地に到達することが私たちのミッションです。「契約書」を交わしてそれぞれA地点を出発しました。

しかし、先を歩いていた中国側はD地点で橋を見つけました。地図にない橋です。石でできていますが、ちょっと頼りなさそうな橋です。見た感じでは何とか渡れそうな気がしますが、安全に渡れるかどうか保証はありません。

ここで質問です。「もし、あなたならこの橋を渡りますか？」

実は、C地点には少しでも早く到達できたほうがメリットは大きく、さまざまな恩恵にあずかることができます。B地点の橋はまだかなり先です。

しかし、D地点の橋を渡るにはさまざまなリスクも伴います。B地点の橋は頑丈な鉄の橋ですが、D地点の橋はちょっと頼りなさそうな石の橋です。C地点に向かうには、天候の変化や路面の状態、体調やスケジュール管理などさまざまなコンディションを考えてみる必要があり、できれば近道をしたいところです。

「もし、あなたならこのD地点で見つけた石の橋を渡りますか？」

「一緒にA地点を出発した中国人なら、さて、どうするでしょうか？」

ここで1分間目をつぶって考えてみてください。

■近道ができる頼りなさそうな「石の橋」、安全に渡れる上流の「鉄の橋」

さて、みなさんはどうでしょうか？

結論を言うと、一般的には危険な「石の橋」を渡らずに上流のB地点にある「鉄の橋」を目指すのが日本人ではないでしょうか？　一方、中国人は多少のリスクを犯してでも、D地点で

目的地C地点をめざすのに多少のリスクを犯しても
近いD地点の「石の橋」を渡るのが中国人

見つけた「石の橋」を渡ってC地点へ向かうでしょう。

たとえば、日本側と「契約書」を交わしていたとしても、メリットがあるより良い方向へ行動をどんどん軌道修正して、最善の方法（よりメリットが得られる方法）を選択していくのが中国人です。「契約」とは努力目標であって、「より良い選択が見つかれば修正を加えていくことはあたりまえ」と考えます。

一方、日本企業はどうでしょうか？

できるだけリスクを回避します。最悪の事態を想定して、万一でもリスクがあれば慎重に、安全に橋を渡る方法を選ぶでしょう。

「石橋を叩いて渡る」という諺があります。丈夫な石でできた橋であっても、油断することなく慎重に渡るのが日本企業ではないかと思います。用心に用心を重ねて、一歩ずつ慎重に、注意深く橋を渡るのが日本人なのです。

■石橋を叩いても渡らないのが日本人

「石橋を叩いても渡らない日本人」

「石橋を叩いて壊してしまうのが日本人」

中国人は日本人をこう風刺します。

日本企業がB地点に橋を見つけると、まずは「情報収集」です。橋の材質、スペック、製造記録、耐過重、使用記録など、さまざまな情報を収集して社に持ち帰り協議します。

会議で議論に議論を重ねてレポートを作成し、社内稟議を行い、B地点の橋を渡るべきかどうか協議します。協議に協議を重ねたあげく、最終的には役員決裁で、「やはりB地点の橋を渡るべし」という方針を決定するのです。

■石橋を叩かず渡る中国人

一方、中国人の河を渡る方法はさまざまです。

「石橋を叩かず渡る中国人」「石橋を渡らず舟で行く中国人」「石橋を渡らず泳ぐ中国人」なるほど、多少のリスクを覚悟で、スピーディーな意思決定とフレキシブルな対応で、より良い選択を見つけ出し、ビジネスをどんどん進めていきます。

時にはチャレンジ精神を発揮して、大胆な決断と行動力でアジアビジネスの牽引役になっているのが中国人であると言えるでしょう。

「契約」とは努力目標であって、「より良い選択が見つかれば修正を加えていくことはあたりまえ」と考えるのが中国人です。

■「より良い選択」という中国人の「自分流」

「契約」とは、「契約」を交わしたその時点で合意した内容を、その時点で書き記したものと考えるのが中国人です。経済状況やビジネス環境の変化に応じて、より良い方向へどんどん修正を加えていくのが中国人の特徴です。

しかし、中国側のより良い選択が日本側にとってのより良い選択と一致しているかと言うと、その限りではありません。実際には両者のより良い選択が食い違っていることがたくさんあるのです。

また、変化にすばやく反応してより良い選択へ修正を行うときに、中国側からの「報告」「連絡」「相談」がありません。つまり「ホウレンソウ」がないままより良い選択へと進んで行ってしまうのが問題なのです。これが中国人の「自分流」です。

石橋の渡り方はさまざまです。

「石橋を渡らず泳いだり、舟に乗ったり」

「石橋を渡って壊していく」（ライバルの追従を阻止するため）

「石橋を壊さず直して、通行料を取る」（修理すれば再利用できる）

「石橋を叩いて壊して、ダムを作る」（再開発すればもっと大きな利益を生む）

このような柔軟な発想で、さまざまな「橋の渡り方」（活用法）を考えるのが中国人なのです。さて、あなたはD地点の「石の橋」をどうやって渡りますか？

【ポイント】

・契約とは「契約書」を交わした時点で合意した内容を書き記したもの。

・ビジネス環境や経済状況、進捗状況に合わせてより良い方向への修正はあたりまえと考える。

・日本側にとってのより良い選択、中国側にとってのより良い選択が一致しているとは限らない。

・ホウレンソウ（報告／相談／連絡）がないまま「自分流」でより良い選択へ向っていく中国人。

5 「契約」を努力目標とさせないための3つの注意点
「3つの没有」に注意、「自分流」に注意、自分流の「ホウレンソウ」に注意

■3つの「没有」に気をつけろ

「没有問題」（問題ありません）を連発する中国人は「問題あり」です。

「没有関係」（気にしないで）の段階では、問題はかなり深刻な状況になっています。

「没有弁法」（仕方ない）という言葉が出たら、もうあきらめるしかありません。

みなさんも心当たりがありませんか？

「没有問題」を連発する中国人は要注意、必ずどこかに問題があるはずです。その問題に本人が気づいていないのか、気づいていても「自分で解決できる。大丈夫」と思っているのか、気づいているのにそれを意図的に隠しているのか、必ず問題が存在します。

しばらくすると、今度は「没有関係」という言葉を使ってきます。しかし、この段階では問

題はかなり深刻な状況になっていると考えたほうがよいでしょう。この時点で問題を見つけ出して、手を打たないと手遅れになります。

そして最後には「没有弁法」という言葉が口から出てきます。この言葉を使うとき、問題はすでに破綻しています。もうあきらめるしかありません。「自分は最善を尽くした」「これ以上は手の打ちようがない」「不可抗力である」という言い訳が見え隠れしています。つまり、すでに手遅れなのです。

「没有弁法」を言わせないためには、「没有関係」の段階で問題を察知して手を打つ必要があります。さらに「没有関係」を言わせないためには「没有問題」の段階ですばやく問題点を見つけ出し、手当てをしなければなりません。

■より良い選択へ向かおうとする中国人の「自分流」をチェック

経済状況やビジネス環境の変化に応じて、より良い選択へどんどん修正を加えていくのが中国人の「自分流」です。変化にすばやく反応して、「もっといい方法があるはず」「別のやり方がある」と判断すると、見直しや修正を加えることは「あたりまえのこと」と考えるのです。

しかし、中国側のより良い選択が日本側にとってのより良い選択と一致しているとは限りません。逆に、一致していないことのほうが多いかもしれません。自分の判断でどんどんより良い選択を進めていくのが中国人の「自分流」です。このとき、中国側から「報告」「連絡」「相談」がありません。これもまた中国人の「自分流」の特徴です。

中国側は決して最初から日本を「騙そう」と考えているのではなく、小さなボタンの掛け違いが大きなコミュニケーションギャップを生みます。確認を怠ったまま放置すると、最終的には取り返しのつかないほど大きなコミュニケーションギャップになってしまうのです。

繰り返しますが、中国側は最初から契約を破るつもりはないのです。最初から約束を守らないつもりではないのです。

変化に敏感に対応して、フレキシブルにスピーディーにどんどん考え方やビジネスの進め方を変えていく中国側のほうがある意味では時代に合っているかもしれません。

中国側が「自分流」を選択する段階で十分なコミュニケーションが必要なのです。

■「自分流」で進める「ホウレンソウ」をチェック

「報告は事後報告でいい」
「連絡は必要なときだけでいい」

「相談は問題が起こったときだけでいい」

こう考えるのが中国人の「自分流」です。

基本的に中国の組織では、業務の分担がきちんと分けられていて、1人ひとりの自分の「果たすべき役割」が明確になっています。「権限」と「責任」が明確になっているのです。直属の上司への報告は行われますが、社員同士の連絡や相談はあまり行われません。

中国では、基本的に業務は「相互不介入」という考え方が強く、原則として同僚の残業を手伝ったり、マンパワーが足りない部署のサポートすることは必要ないと考えます。部署やチーム内で横の連絡を取り合い、チーム内で相談したり、チームのメンバーと協力し合いながら仕事を進めるという習慣がないのです。

一方、日本の組織ではチームワークや協調性、助け合って仕事を進めていく姿勢が重視されます。日本では先輩やベテランが部下を指導したり、それを他のメンバーが助けたり、新人社員をチーム全体でフォローしたり、余裕がある人がたくさんの仕事を抱えている仲間をサポートしたりすることが「あたりまえ」です。

しかし、中国では日本のこの「あたりまえ」が「あたりまえ」ではないのです。部下の指導や教育が必要な場合でも、みんなで協力し合って行うのではなく、指導する側が指導される側に「権限」と「責任」を明確にした上で、業務の一環として指導や教育が行われます。もちろんそれに伴う「成果」と「報酬」も明確です。

中国では基本的に業務は「相互不介入」という考え方が強く、原則として同僚の残業を手伝ったり、マンパワーが足りない部署をサポートする必要はないと考えます。むしろ、与えられた仕事の範囲で自分の責任を十分に果たすという考え方が基本です。1人ひとりが与えられた「権限」の範囲で自分自身の「責任」を果たすことが求められます。

また、日本企業と中国企業ではチームワークの形、リーダーの役割にも違いがあります。リーダーが部下に求めるもの、部下がリーダーに期待するもの、さらに企業文化の形とそこで働く従業員の意識にも大きな違いがあります。

どちらが良いか、どちらが優れているかという問題ではありません。両者の違いをどう受け止めて、どのように接点を探していくかという姿勢の問題が大切なのです。

【ポイント】信頼できる中国人と危ない中国人の見分け方

・「没有問題」（問題ない）、「没有関係」（気にしないで）、「没有弁法」（仕方ない）に注意。
・中国側の「より良い選択」と日本側にとっての「より良い選択」の違いに注意。
・「より良い選択」に向かう中国人の「自分流」をチェック。
・「報告は事後報告」「連絡は必要なとき」「相談は問題が起こったとき」と考える中国人に注意。

6 「契約」を努力目標とさせないための仕組み作り

「3つの没有」「自分流」「ホウレンソウ」が注意ポイント

■契約を守らせるための「3ない原則」

以下は、中国人に「契約」を努力目標とさせないための3つの対策です。

第一に、中国人に「3つの没有」を言わせない。

第二に、中国人に「自分流」をさせない。

第三に、中国人の自分流の「ホウレンソウ」を認めない。

「言わせない」「させない」「認めない」を契約を守らせるための「3ない原則」と名づけました。つまり、この3つのポイントについて、日本側が注意しさえすれば「契約」を守らせることができるはずです。これが「契約」を努力目標としない仕組み作りの第一歩です。

■「没有問題」（問題ありません）を言わせない

「没有問題」を言わせないためには仮説力チェックが最も効果的な方法です。

「問題ありません」と言う中国人に対して、次のような問い掛けをしてその対応を見ます。

仮説力チェックとは、「もしも、問題が起こるとすれば、どんな問題が考えられると思いますか？」という問い掛けです。

「そうですね、たとえば、問題Aは〇〇、問題Bは□□、問題Cは△△、私はこんな問題が起こる可能性が考えられると思います」と、きちんと答えを返してくれる中国人がいたら、大切にすべきです。信頼できる中国人の最有力候補者です。

「どうして何度も同じ質問をするんですか？　おかしいですよ！」

このように逆切れするタイプは要注意です。なるべく遠ざけたほうがいい中国人と言えます。

「問題ないですよ。心配しないでください」

このように繰り返し「問題ない」を言ってくる中国人もやはり注意が必要です。しかし、こういうタイプが圧倒的に多いのが現状です。こういうタイプには仮説力チェックパート2を試してみます。

仮説力チェックパート2とは、「もしも、問題が起こるとすれば、問題A、問題B、問題C、どんな問題が起こる可能性があると思う?」と、今度は日本側が問題A、B、Cの仮説を考えて、中国側に問い掛ける方法です。設問を変えたり、仮説の切り口を変えたり、いろいろな角度から中国人の仮説力をチェックします。

しかし、仮説力チェックパート2は同時にみなさん自身の仮説力が試されることにもなります。みなさんにとっても負荷が高いチェック方法になりますが、ぜひ試してみてください。

結果的にこれが信頼できる中国人を見つけ出す近道ではないかと思います。

■中国人に「自分流」をさせない

「契約」を努力目標とさせない対策の2つ目は、中国人に「自分流」をさせないことです。「自分流」をさせないためには、「報告」「連絡」「相談」を徹底させる仕組み作りをすることが近道でしょう。つまり、「ホウレンソウ」をしっかりやらせることが中国人の「自分流」を封じ込める最大のポイントです。

しかし、「ホウレンソウ」を「あたりまえ」のこととして中国人に要求するのではなく、作業手順の確認と明確な指示、ルーチン化の仕組み作り、さらに「ホウレンソウ」をすることによるメリットの供与、こうした点を1つひとつ中国側へ説明する取り組みが必要です。

中国人の「自分流」は、日本側の「曖昧な指示」が原因になっていることが多くあります。明確な指示をしなかったり、言うべきことを言わなかったり、または「わかっているはず」という思い込みが中国人の「自分流」を引き起こしています。明確な指示とルーチン化が重要なポイントです。

しかし、「ホウレンソウ」のために必要以上に作業量を増やすことは非効率です。形だけの「連絡」や意味のない「報告」をするための作業は避けるべきです。効率よく「ホウレンソウ」のためにフォーマットを決めておいたり、記述方式をできるだけ避けてチェックマーク式の雛形を作っておいたり、作業の負担を軽くするための工夫も必要です。「契約書」を交わす段階で十分に検討しておくことをお勧めします。

企業内部の問題だけでなく、取引先との関係も同様です。「ホウレンソウ」の作業手順の確認とルーチン化の仕組み作りが中国人に「自分流」をさせないためのポイントです。

さまざまな事例を見てみると、結果的にこの仕組み作りをうまく行っている日本企業が中国ビジネスを成功させています。これは日本側にとってもたいへん負荷がかかる作業です。時には監督であったり、時には監視であったり、またある時はリマインドの連絡を何度も送ったり、警告の連絡が必要なときもあります。一歩ずつ根気よく進めていくことが必要です。

■中国人に自分流の「ホウレンソウ」を認めない

結論から言うと、「ホウレンソウ」をチェックする仕組みを「契約書」に盛り込んで、繰り返しチェックを行っていくことです。さらに、万一、トラブルが生じて契約違反や契約不履行があった場合の「違約条項」を「契約書」に盛り込んでおくことも必要です。

たとえば、契約履行の遅延、契約が不履行となった場合のペナルティ、金銭の支払い方法、機密保持、機密保持を犯した場合のペナルティについてなどです。

契約内容の進捗状況を確認するため、報告のタイミングとその手順、連絡の方法、相談が必要なときのミーティングの場所や参加すべきメンバーなど、「ホウレンソウ」のチェックポイントをあらかじめ決めておき、それを「契約書」に盛り込んでおきます。起こり得るトラブルの事前の予測、課題の想定、問題点への対処法なども日本側で考えておくと、より理想的です。

ここでもう1つアドバイスがあります。

ペナルティは「契約違反」のペナルティと「ホウレンソウ」のチェックを怠った場合のペナルティを別々に明記しておくということです。

「ホウレンソウ」のチェックを怠った場合は軽いペナルティでよいでしょう。プチペナルティとして「契約違反」のペナルティとは別に設定しておくことをお勧めします。もちろん、どちらも「契約書」に明記し、あらかじめ盛り込んでおきます。

また、チェックポイントを決めておいても、それが実施されなければ意味がありません。担当者間で連絡を取り合って、具体的に実行していくという作業が重要です。

繰り返しになりますが、「契約は努力目標」と考えるのが中国人です。しかし、こうした取り組みによって「契約」を努力目標にさせないための対策ができるはずです。

ぜひ、みなさんも取り組んでみてください。

【ポイント】「契約」を努力目標とさせないための仕組み作り

- ・中国人に「没有問題」（問題ありません）と言わせないためには「仮説力チェック」。
- ・中国人に「自分流」をさせない「ホウレンソウ」の明確な指示とルーチン化の仕組み作り。
- ・中国人の自分流の「ホウレンソウ」を認めないチェックポイントとペナルティの仕組みを「契約書」に盛り込む。

7 より良い信頼関係の構築と協力関係を作り出すために

交渉相手をビジネスパートナーとしてビジネスに向かう姿勢を考える

■日本人は「WIN・WIN」の意味を勘違いしている

「こちらがこんなに頑張っているのに相手はどうして頑張ってくれないのだろう」「中国側が期待通りに動いてくれない」と嘆く日本人がいます。

中国企業との提携で期待した通りの成果が得られず、「裏切られた」「騙された」「約束を守ってくれない」という経験を持つ方も少なくないかもしれません。

しかし、こうしたケースでは、中国企業に対して過剰な期待はなかったでしょうか。もしかしたら、日本側の甘い期待はなかったでしょうか？

中国でプロの通訳として活躍している友人がこんなことを言っています。

「日本人はＷＩＮ・ＷＩＮの意味を勘違いしている」

「こちらが頑張れば相手も頑張ってくれるはずという甘い期待はＷＩＮ・ＷＩＮではない」

「ＷＩＮ・ＷＩＮとは、こちらが頑張った分だけの同じ頑張りを期待することではなく、こちらが頑張った分だけ、それに見合う頑張りを相手から引き出す努力をすることである」

この過程で熟成させる「信頼関係」が重要であり、甘さを捨てて正面からぶつかり合い、「切磋琢磨」していく姿勢が重要なのです。

■「強み」を見極め、その「強み」を徹底的に主張する

そのためには「強み」を徹底的に主張することが必要です。

自社の「強み」を相手に知らしめ、自社の「強み」が中国ビジネスでの「強み」として通用するものであるかどうか、まず相手にその判断をさせます。

もし、自社の「強み」が中国ビジネスでの「強み」として通用しないのであれば、自社の「強み」がどうやったら中国ビジネスでの「強み」として通用するかを相手に考えさせるのです。

自社の「強み」を中国ビジネスで通用する「強み」に転換する作業を相手に担わせ、一緒になって中国ビジネスで通用する「強み」を作り上げていく努力が必要です。

つまり、まずは自分たちの「強み」を徹底的に洗い出して把握することが先決です。中国側

とのビジネス折衝でも、まず自社の「強み」を改めて再確認して臨むべきです。

■ビジネスパートナーを「信頼」してはいけない、「信用」すべきである

前出の通訳の彼はこうも言います。

「相手を〝信頼〟してはいけない。ビジネスパートナーは〝信用〟すべきである」

つまり、「信じて頼る」のではなく、「信じて用いる」べきであるというのが彼の主張です。通訳としてビジネスの最前線でさまざまな現場を見てきただけに説得力のある言葉です。

交渉相手をビジネスパートナーとして向き合う姿勢を改めて再確認すること。本書をお読みになったみなさんが「交渉術」を単なる現場のテクニックとしてではなく、ビジネスパートナーと一緒にビジネスに取り組む姿勢を考えるきっかけにしていただければ幸いです。

【ポイント】交渉相手をビジネスパートナーとしてビジネスに向かう姿勢

・WIN‐WINとは、こちらが頑張った分だけそれに見合う頑張りを相手から引き出すこと。
・パートナーに自社の「強み」を中国ビジネスの「強み」に転換する共同作業を担わせる。
・相手を「信頼」してはいけない。ビジネスパートナーは「信用」すべきである。

あとがき

中国・台湾との関わりは語学研修時代から数えると30年になります。40代の締め括りとして、これまでの自分の足跡を振り返り、中国ビジネスに関わってきた経験やノウハウを本にまとめたいと思い立ちました。48才の秋、最初の本の執筆に取り掛かりました。

いま思うとあまりにも無謀な計画です。初めて本を書く自分にとって当初思い描いていた計画通りに進まないことの連続でした。壁にぶつかり、それをひとつずつ乗り越え、時には想定外のうれしい発見があり、自分もまたそれを学び進化し、そしてまた壁にぶつかり、セミナーや講座に参加いただいたみなさんの励ましがその壁を乗り越えるエネルギーになりました。

そして2年半が経ち、当初の計画より少し遅れましたが、本書を含む「中国ビジネス3部作」を上梓し、何とかその思いを遂げることができました。

中国人の人懐っこさや懐の深さ、変化に対する柔軟性や屈託のないプラス志向の生き方、家族や友人を大切にする基本姿勢、そして中国ビジネスの難しさだけでなくその可能性など、ページが許される範囲でお伝えしたいことを精一杯まとめてみました。自分にもっと記述能力があればもっと上手にお伝えできたかもしれませんが、現時点でのベストを尽くした結果です。

ぜひ、ご意見やご批判をいただけましたら幸いです。

この3部作が価値観の違いや異文化理解に眼を向けることの大切さと同時に、中国ビジネスに取り組むみなさんにプラス志向の元気や勇気を伝えることができれば最高の幸せです。何より中国ビジネスに取り組むみなさんへの「応援歌」になれば幸いです。

そして、この3部作は次の10年を生きていくための私自身への応援歌でもあります。「為すべき道は生かされし道」、思いのままにただまっすぐに道を追いたいと思います。

私の無謀な計画に理解を示し、最初から最後まで支えてくれたのは総合法令出版の田所陽一氏でした。彼はプロの編集者として3部作の執筆に大きく関わってくださいました。単に編集者としてだけでなく、私の思いを理解し、その思いを形にするために、彼自身の思いも正面からぶつけてきてくれました。彼の熱い思いと心からの支援に深く感謝します。

娘が20歳になったとき、本の感想をじっくり聞きたいと考えています。一緒にお酒を飲みながら話ができるのはまだまだ先のことですが、今から楽しみにしています。そして、彼女が自分の〝為すべき道〟を探し始めたとき、この本が彼女にとってささやかな応援歌になればと思います。執筆を支えてくれた家族や仲間たちに、88才を迎える父に、この本を捧げます。

2012年5月吉日

吉村　章

＜著者紹介＞

吉村 章（よしむら・あきら）

Taipei Computer Association（TCA）東京事務所 駐日代表
株式会社クロスコスモス 代表取締役
NPO 法人アジア IT ビジネス研究会 理事
独立行政法人中小企業基盤整備機構 国際化支援アドバイザー

1961 年生まれ。大学卒業後、台湾で日本語教育に従事。1996 年台湾最大の IT 関連業界団体である TCA へ移籍し、駐日代表として帰国、現在に至る。IT 関連分野で日本企業の海外進出を支援。台湾からの製品調達や日台アライアンスのサポートなどを手がける。中国が WTO に加盟した 2001 年を前後して、日本企業の中国進出支援が主たる業務となり、中国でのビジネスマッチング、中国市場の開拓をサポート。地方自治体向けに展示会活用法や web 制作・販促ツール作成など中国市場開拓講座を実施し、その実践的な内容で多くの受講生を集めている。現在では IT 分野における日本・中国・台湾の３地域の事情がわかる専門家として活躍。特に、台湾活用型の中国ビジネスの可能性に着目し、各分野での三極間ビジネスアライアンスを提唱している。『フジサンケイビジネスアイ』や日経 BP『Tech-On!』でコラムを連載中。著書に『すぐに役立つ中国人とうまくつきあう実践テクニック』『知っておくと必ずビジネスに役立つ中国人の面子』（以上、総合法令出版）、『知識ゼロからの中国ビジネス入門』（幻冬舎）がある。

また上記の経験を活かして、2003 年からは中国に進出する日本企業を対象に赴任者向け研修の講師を務めるようになり、現在では自身の中国での実体験やノウハウを体系化した「中国ビジネススキルアップ研修」を実施。異文化理解を基本とした Do's & Dont's プログラムや参加体験型の研修内容に定評がある。これまでの採用企業は、大手鉄鋼メーカー、大手広告代理店、航空会社、通信業者、船舶会社、自動車メーカー、自動車部品メーカー、電子部品メーカー、水産会社、化学素材メーカーなど。

Taipei Computer Association（TCA）東京事務所
　http://www.tcatokyo.com
NPO 法人アジア IT ビジネス研究会　http://www.asia-it.biz
※「中国市場開拓講座」に関するお問い合わせはこちらまで。
メールアドレス　ippc@tcatokyo.com

■「中国ビジネススキルアップ研修」

http://www.crosscosmos.com/

実際のビジネスの現場での実体験やヒアリングをもとにした「ケーススタディ」を教材として、グループ単位で行うワークショップを中心とした参加・体験型の研修。コミュニケーションギャップを擬似的に再現し、体験する「ロールプレイ」や中国人を相手にした「交渉シミュレーション」などを取り入れて、現場ですぐに役に立つ、より実践的な内容を目指している。企業単位で実施する「企業研修」と「公開講座」があり、最近では出張者や赴任者だけでなく、中国ビジネスに携わるすべてのビジネスパーソンの受講が増えている。

企業研修では、「ケーススタディ」を取り入れるほか、駐在経験者の中国ビジネス経験をヒアリングして取りまとめ企業ごとの中国ビジネス対応マニュアルを制作するなどの取り組みを行うなど、企業として組織的に取り組む人材の育成、「中国力」の養成を提唱している。

【内容】

◇中国人ビジネスパーソンの仕事観・就業意識を理解する
◇中国人の価値観・考え方を理解する
◇中国人のビジネスの進め方・商習慣を理解する
◇中国人とのビジネス折衝・交渉術の実践テクニック

【対象】

◇中国へ出張する機会や赴任の予定があるビジネスパーソン
◇企業の中国事業部、中国プロジェクトに携わるビジネスパーソン
◇中国ビジネスに携わる人材の育成や赴任者の人選・教育の担当者
◇中国からの研修生やビジネスミッションの受け入れ担当者
◇中国人観光客の接客やセールスに従事する現場担当者
◇将来、中国ビジネスへの参入を考えているビジネスパーソン

※講演及び研修に関する問い合わせ先

株式会社クロスコスモス
〒 151-0061 東京都渋谷区初台 1-51-1 初台センタービル 5F
TEL：03-3299-8813　FAX：03-3299-8815
メール b-asia@crosscosmos.com

すぐに使える
中国人との実践交渉術

2012年7月8日　初版発行

著　者　古村　章
発行者　野村直克
発行所　総合法令出版株式会社
〒107－0052　東京都港区赤坂1-9-15 日本自転車会館2号館7階
電話　03-3584-9821（代）
振替　00140-0-69059

印刷・製本　中央精版印刷株式会社

落丁・乱丁本はお取替えいたします。

ISBN 978-4-86280-314-6

総合法令出版ホームページ　http://www.horei.com/